Arena-Taschenbuch
Band 2502

*Der Verfasser schildert Kampf, Gärung und Aufruhr,
deren Schauplatz die Familie ist, in meisterhafter Weise.
Er ist scharfer Beobachter, Schriftsteller von Format,
der knapp mit trockenem Humor und treffendem Witz,
aber auch mit feiner Selbstironie und schonungsloser Offenheit
Menschen und Dinge, Situationen und Handlungsabläufe
zu schildern versteht.
Ein ausgezeichnetes Buch, eine Art Entwicklungsroman.*

VJA, Bayern

Peter Berger
Im roten Hinterhaus

Die Geschichte einer Familie in verworrener Zeit

Ausgezeichnet mit dem
Deutschen Jugendbuchpreis

*Zu diesem Taschenbuch liegt eine
Unterrichtserarbeitung vor.
Informationen darüber erhalten Sie beim
Arena Verlag, Würzburg,
Telefon 0931/79644-0*

In neuer Rechtschreibung

12. Auflage als Arena-Taschenbuch 1998
© 1966 by Schwabenverlag Stuttgart
© 1977 by Peter Berger
Reihenkonzeption: Karl Müller-Bussdorf
Umschlagillustration: Dieter Leithold
Gesamtherstellung: Westermann Druck Zwickau GmbH
ISSN 0518-4002
ISBN 3-401-02502-3

evtl. 1919 geboren

1)

Mein Vater hatte an einem Tag vier Ratten gefangen. Das erfuhr ich, als ich vom Zeitungsaustragen nach Hause kam. Ich war etwa zehn Jahre alt. Die »Rhein-Post« hatte eben gemeldet, dass die Inflation vorüber sei, es gebe nun die stabile Rentenmark. *1923*

Wir wohnten in einer Stadt, die wenige Jahrzehnte vorher noch ein unbedeutendes Dorf gewesen war. Ein im Aufblühen begriffenes Chemiewerk hatte die Landbesitzer wohlhabend gemacht; leider nur, bis die Inflation vorüber war. Für dieses Chemiewerk fing mein Vater Ratten; zu Versuchszwecken. Pro Ratte 1,50 Rentenmark. 50 Prozent des Tagesverdienstes meines Vaters war für Schnaps abzubuchen; verständlich bei solchem Handwerk. Das an manchen Tagen entstehende Defizit mussten wir Kinder verkraften.

Ratten sind keine schönen Tiere. In den Käfigen, die mein Vater selbst bastelte, konnten sie sich gerade umdrehen. Mein Freund Fritz, der aus Ostpreußen stammte und Artist werden wollte, studierte mit meines Vaters Ratten seine erste Zirkusnummer ein. Seine Dompteurpeitsche war eine Stricknadel. Ich kam erst spät dahinter, wie er es fertig brachte, die eingezwängten Ratten zu markerschütternden Schreien zu bewegen.

Ratten fangen ist kein Kunststück. Man muss nur wissen, wo sie sich aufhalten. Dann muss man einen Köder beschaffen. Mein Vater fing seine Ratten auf der städtischen Müllkippe. Köder lieferte ein Metzger aus der Altstadt. Damals schlachteten die Metzger alle noch selbst. Was unser Schlächter nicht verkaufen und nicht verwursten konnte – nicht einmal für die ärmsten Bevölkerungsschichten –, das holte mein Vater. Ratten fressen alles.

Es gab genug Tage, an denen meine vielen Geschwister und ich Ratten waren.

In der Straße, in der wir wohnten, gab es keine Häuserlücke. Wand an Wand standen sie nebeneinander, drei- und vierstöckig. Heute weiß ich, dass sie sich schämten einzeln dazustehen; sie waren zu hässlich. Vielleicht hatten sie auch Angst. In allen Treppenhäusern ging es lebhaft zu. Überall gab es Kinder; viele Kinder. Wie Ratten auf der Müllkippe. Die meisten Kinder waren blass und mager.

Das Haus, in dem wir wohnten, war nicht grau. Unser Haus war rot. Als ich ein Kind war, freute ich mich darüber, dass ich in dem einzigen roten Haus der Straße wohnen durfte. Rot war es deshalb, weil es unverputzt war, und unverputzt blieb es deshalb, weil es hinter einem der schmalbrüstigen grauen Häuser stand. Das war auch der Grund dafür, dass man uns nicht bei unserem Namen nannte, sondern einfach sagte: »Die aus dem Hinterhaus!« Unser Haus hatte noch andere Vorzüge. Wenn ich aus dem Küchenfenster schaute, sah ich auf den Rhein. Ich konnte stundenlang an unserem Küchenfenster stehen. Ganz sicher war auch mein Vater froh darüber, dass wir so nahe am Wasser wohnten. Meist war es nicht mehr ganz hell, wenn er mit neuen Ratten von der Müllkippe kam. Vom Wasser her konnte er unbemerkt unseren Hof erreichen. Manchmal krepierte eine über Nacht. Da war es auch gut, dass der Rhein nahe war. Mein Vater war ein großer Mann. Sonntags trug er einen weitrandigen, schwarzen Hut. Im Winter und wenn es regnete, einen fast schwarzen Lodenmantel.

»Armut schändet nicht – und Reichtum ehrt!« So sagte er immer. Wenn das Weisheit ist, ist es die einzige, die er mir für mein Leben mitgegeben hat. Hatte mein Vater viele Ratten gefangen, war er am Abend sehr lustig.

»So ein versoffener Kerl!«, schimpfte meine Mutter. Ich ärgerte mich immer darüber. Meine älteste Schwester sagte hinter Vaters Rücken viel schlimmere Worte. Das war nicht schön von ihr. Denn von den Heringen, die mein Vater an solchen Tagen mitbrachte, aß sie immer die meisten. Sie konnte unverschämt schnell Heringe verputzen. Ihr Hals muss völlig unempfindlich gewesen sein. Nicht einmal die Gräten ließ sie übrig.

Dann kam ein schrecklicher Tag. Ich spürte schon lange, dass etwas in der Luft lag. Mein Vater war nämlich seit Tagen nicht mehr lustig gewesen; seine Laune wurde immer schlechter. Ich verstand das nicht; denn sämtliche Rattenkäfige waren besetzt. An dem letzten dieser kritischen Tage setzte mein Vater am Morgen seinen schwarzen Hut auf und warf den fast schwarzen Lodenmantel über. Er ging mit mir zusammen aus dem Haus. Gleich auf der Straße nahm er mich bei der Hand. Ich hatte kein angenehmes Gefühl, denn ich war auf dem Schulweg. Ganz sicher hatte der alte Weck – das war mein Klassenlehrer – meinem Vater gegenüber geklatscht. Es gab da eine ganze Menge. Den kleinen Hummel hatte ich vertrimmt und hinter dem Naturkundelehrer Keller Gesichter geschnitten. Das war meine Spezialität und erhöhte mein Ansehen in der damaligen Gesellschaft ungeheuer. Ich konnte mich wie ein Affe benehmen. Aber das alles wäre mir noch egal gewesen. Wenn nur nicht herausgekommen war, dass ich mit Elli . . .

Verdammt noch mal! Elli war sechzehn Jahre alt. Sie wohnte im Nebenhaus. Seit sie aus der Schule entlassen war, führte sie dem Vater den Haushalt. Eine Mutter hatte sie nicht mehr. Ihr Vater dressierte Hunde fremder Leute. Er war den ganzen Tag nicht zu Hause. Elli war um mehr als einen Kopf größer als ich und rothaarig. Immer wenn sie mich erwischte, wusste sie etwas und rief mich herein. Unser Lehrer würde bestimmt nicht glauben, dass ich oft genug einen Bogen um das Nachbarhaus machte, wo Elli ständig im Fenster lag. Besonders dann, wenn sie wusste, ich war in der Nähe. In der Küche, in der Elli hantierte, war es unglaublich schmutzig. Die Rothaarige war dick und hatte vorstehende Zähne.

»Die wird der alte Biermann im Leben nicht los!« Das sagte mein Vater und auch die erwachsenen Nachbarn. Ich hatte es oft genug gehört. Das machte mir Elli noch unsympathischer. Eine knappe Woche, bevor mein Vater seinen weitrandigen, schwarzen Hut aufgesetzt, den fast schwarzen Lodenmantel angezogen und mit mir aus dem Haus gegangen war, hatte Elli Biermann mich überlistet.

Es war ein miserabler verregneter Tag. Deshalb war ich auch so schnell mit dem Austragen der »Rhein-Post« fertig geworden.

Gegen vier Uhr am Nachmittag näherte ich mich meinem Zuhause. Die Straße war menschenleer. Wie hätte ich ahnen sollen, dass Elli hinter den Gardinen lauerte?
»He, Manni!«, rief sie. Manni war mein Spitzname, von Manfred abgeleitet. Misstrauisch wie immer trat ich unter das Fenster.
»Wetten, dass du noch nie solch einen Hund gesehen hast?« Elli wusste, dass sie damit meine sämtlichen Bedenken hinweggefegt hatte.
»Ha!«, sagte ich nur und verschwand im Hausgang, der zum Hof führte. Hunde liebte ich über alles. Tatsächlich bewegte sich in einem der Zwinger des alten Biermann ein langhaariger, pechschwarzer Hund. In Gestalt und Kopfform ähnelte er einem Bernhardiner. Er schnupperte an meiner Hand, in die ich hineingespuckt hatte, bevor ich sie an das Drahtgitter des Zwingers drückte.
»Schon Freunde«, sagte ich. Den Spucktrick kannte ich von Ellis Vater.
»Was für eine Rasse?«, lauerte die Rothaarige hinter mir.
»Bernhardiner!«, trumpfte ich auf.
»Falsch! Neufundländer! Mein Vater muss es ja wissen. Du hast die Wette verloren«, frohlockte Elli.
»Was für eine Wette?«
»Komm mit!«
Sie packte meine Hand und zog mich durch den Hausgang in die Küche. Aus der Tischschublade kramte sie eine Rolle weißen Zwirn. Etwa einen halben Meter davon biss sie ab. Das eine Ende hielt sie zwischen ihren Zähnen und das andere schob sie mir in den Mund.
»Und jetzt musst du ein Stück Zwirn nach dem anderen in deinem Mund verschwinden lassen«, sagte sie. »Wer von uns das letzte Zwirnstück erwischt hat, hat die Wette gewonnen.«
»Blöde Wette«, bemerkte ich.
Der Zwirn verschwand schneller in ihrem Hals als die sauren Heringe in dem meiner ältesten Schwester. Ihr Gesicht kam dem meinen immer näher und ihre braunen Kulleraugen traten noch mehr als gewöhnlich aus ihrem Kopf heraus. Ich wollte gerade den dämlichen Zwirn ausspucken und abhauen, da schlang sie

ihre fetten Arme um mich mageres Kerlchen und küsste mich wie eine Verrückte immer auf den Mund. Beinahe wäre ich an dem Zwirnfaden und der blöden Küsserei erstickt. Ich konnte mich nicht losreißen, Elli war viel stärker als ich.
Als ich endlich den Faden los war, machte es mir sogar Spaß. Aber da hörte die dumme Gans auf. Ich rannte hinaus. Niemals würde der alte Weck mir glauben, dass ich in alles ahnungslos hineingerasselt und völlig schuldlos war. Etwas Ähnliches war schon einmal in unserer Klasse passiert. Der Täter wurde wie ein Aussätziger von uns allen gemieden. Dabei wusste keiner von uns Jungen, was eigentlich vorgefallen war.
Aber noch mehr Angst hatte ich vor meinem Vater. Sicher war er zur Schule bestellt worden und wusste noch nicht, weshalb. Wenn ihm der alte Weck meine Schandtat mit Elli erzählte, dann wehe mir. Vater schlug uns nur selten. Wenn es aber doch geschah, hatten wir vierzehn Tage etwas davon. Auf dem Weg sprach er kein Wort. Ich hielt es auch für besser, zu schweigen. Je näher wir dem gelben Klinkerbau kamen, desto unruhiger wurde ich. Da ließ mein Vater plötzlich meine Hand los.
»Pass in der Schule auf, damit etwas aus dir wird!«, sagte er nur und ließ mich vor dem Schultor stehen. Zuerst war ich völlig ratlos über die unerwartete Wendung. Dann lief ich hinter ihm her.
»Wo gehst du hin?«
»In die Fabrik.«
»Ohne Ratten?«, staunte ich.
»Sie brauchen keine Ratten mehr«, knurrte der Vater.
»Erst fängt man die Saubiester – und dann lassen sie einen darauf sitzen.«
»Und diesmal hast du so viele fette Ratten gefangen.«
»Mach, dass du in die Schule kommst!«
An diesem Vormittag passte ich nicht auf. Als unser Religionslehrer fragte, wer der Menschen böser Feind sei, antwortete ich: »Die Franzosen!« Es war um 1925 und am Rhein standen Besatzungssoldaten aus Frankreich. Alle in der Klasse lachten hellauf. Der Religionslehrer musste auch lachen.
»Die Menschen haben nur einen wirklichen Feind, und das ist

der Teufel!«, klärte er mich auf. Na, da hätte ich ihm was anderes erzählen können; aber ich gab keine Antwort. Es hätte keinen Zweck gehabt; denn der Religionslehrer wohnte ja nicht in unserer Straße. In seinem Viertel wohnten nur bessere Leute. Ich wusste genau, wie das in unserer Stadt eingeteilt war. Umsonst trug ich nicht jeden Nachmittag die »Rhein-Post« aus. Unter den reichen Leuten gab es eine ganze Reihe, die immer sehr nett zu mir waren. Aber manche verstellten sich auch nur. Zum Beispiel Frau Dr. Lenz. Ich musste immer Frau Doktor zu ihr sagen, obwohl nur ihr Mann ein richtiger Doktor war; aber den sah ich nur selten. Wenn der Junge von Lenz im Garten war, ärgerte ich mich immer, dass ausgerechnet ich Zeitungen austragen musste. Mitunter rief er in den Garten zurück: »Der Zeitungsjunge kommt!« Dann hätte ich ihn am liebsten umgehauen, obwohl er nichts Unwahres sagte.
Die Lenzen besaßen einen Schäferhund. Sein Rücken war schwarz; Bauch und Beine braun. Zuerst kam er mir ganz friedlich entgegen. Ich durfte ihn sogar streicheln.
Der Sohn des Hauses, der etwa in meinem Alter war, hatte ein wunderschönes Fahrrad; stahlblau, mit blitzenden Leichtmetallfelgen. In unserer Straße besaß nicht einmal ein Erwachsener ein so teures Fahrrad. Immer wenn ich das Rad sah, überfiel mich der Wunsch nur einmal darauf sitzen zu dürfen. Eines Tages lehnte es herrenlos an der Wand neben dem Hauseingang. Kein Mensch war zu sehen. Die Zeitungstasche abwerfen und aufsitzen war eins. Um die Wäschestangen auf dem Rasen drehte ich schnell eine Runde. Da schrie der junge Lenz aus dem Fenster des oberen Stockwerks: »Lass das Rad stehen! Warte nur, dir zeig ich's!«
Aber dann kam er doch nicht so schnell. Ich konnte in Ruhe das Rad an seinen Platz zurückstellen und die »Rhein-Post« in den Briefkastenschlitz stecken. Der junge Herr kam nicht, wie er angedroht hatte. Da trollte ich mich weiter.
Am nächsten Tag lauerte er mir hinter dem Haus auf. Gerade schlug das eiserne Tor hinter mir zu, da schoss er um die Hausecke. Neben ihm lief der braun schwarze Schäferhund.
»Fass, Astor, fass!«

Der Hund sprang mich an. Aber ich hatte Erfahrung im Umgang mit Hunden. Nicht umsonst war Ellis Vater Hundedresseur. Das auf mich gehetzte Tier biss sich an meiner Zeitungstasche fest und mir gelang es, beinahe unbeschadet das Gelände zu verlassen. Da erschien Frau Lenz zeternd auf der Bildfläche. Sie erfuhr mein Verbrechen vom Vortag, rügte sanft diese Missetat und unterzog mich und meine Kleidung einer Musterung. Auf meinem Handrücken waren ein paar Kratzer und ein Stück Stoff aus meiner Hose fehlte.

Ich wollte ihr eben erklären, dass meine Hose schon seit einigen Tagen zerrissen sei; aber sie ließ mich nicht zu Wort kommen, so machte ich denn auch keine Einwendungen, als sie versprach den Schaden durch einen neuen Anzug aus der Welt zu schaffen. Ich musste ihr aber versprechen keinem Menschen zu erzählen, dass ihr Wolfilein den Astor auf mich gehetzt hatte. Auf keinen Fall dürfe ihr Mann, der Herr Doktor, davon wissen.

Einen richtigen neuen Anzug, so direkt aus einem Geschäft, hatte ich noch niemals besessen. Und bisher sah es auch nicht danach aus, als ob dies jemals geschehen werde. Über mir waren noch einige Brüder.

Die Freude auf den neuen Anzug tötete jedoch die Wut über das Verhalten von Lenzens Sprössling nicht ganz. Wenige Tage später traf ich ihn unerwartet in einer neutralen Straße. Ganz heiß kroch es in mir hoch. Der neue Anzug war vergessen. Zehn Minuten später war auch noch mein Hemd in Fetzen. Wolfilein hatte ein Gesicht, als hätte er den Kopf in eine Kartoffelreibe gesteckt. Frau Lenz bestellte bei mir am nächsten Tag den neuen Anzug ab und auch die unschuldige »Rhein-Post«. Hoffentlich hatte der arme Dr. Lenz keinen Ärger mit seiner Partei; denn das Blatt war nicht überparteilich. Mir war das alles egal. Ich hatte keinen übertriebenen Hang zur Eitelkeit. Nur dass die Lenzen plötzlich behaupteten, ich hätte die Absicht gehabt das Fahrrad ihres Sohnes zu stehlen, bekümmerte mich.

»Das lasse ich mir nicht gefallen! Das sage ich meinem Vater! Da können Sie was erleben!«

Da nannte sie mich einen unverschämten, frechen Lümmel. So sind manchmal die reichen Leute.

Eine neue Hose bekam ich trotzdem. Aber die schenkte mir die alte Frau Evertz, die ebenfalls einen Schäferhund besaß. Er hieß Prinz und wir waren die besten Freunde. Frau Evertz war auch eine Beziehrin der »Rhein-Post«.

Sie wohnte ganz allein in einem alten, windschiefen Fachwerkhaus. Im Sommer gab sie mir manchmal ein Glas Milch; mitunter auch ein Butterbrot dazu. Mein Missgeschick im Hause der reichen Doktorfamilie Lenz hielt ich ihr nicht verborgen. Da humpelte sie nebenan ins Kämmerchen und kam mit einem Maßband zurück. Sie maß meinen Hüftumfang und die Länge der Oberschenkel. Dann nähte sie mir aus ihrem Stoffvorrat eine Hose. Ich sagte schon, ich hatte keinen übertriebenen Hang zur Eitelkeit. Als ich aber die erste Anprobe über mich ergehen lassen musste, durchfuhr mich kaltes Entsetzen. Wo hat man auch in unserer Zeit jemals einen zehnjährigen Jungen in einer knallroten Samtplüschhose gesehen, und das bis auf die halben Waden? Um 1800 herum hat es das bei den Söhnen der Adligen gegeben. Aber zu Hause gab es da nichts. Hose war Hose; egal woraus – egal, wie lang. Meiner Mutter wäre eine aus Walzblech sowieso am liebsten gewesen.

Ich kann nicht viel Gutes über mich berichten. Meine wadenlange, knallrote Samtplüschhose wurde nicht alt. Genau gesagt, überstand sie nicht einen einzigen Nachmittag. Anziehen musste ich sie; es blieb mir keine Wahl. Mein Glück war, dass es regnete. Keiner von meinen Kumpels hat mich in dieser Hose zu Gesicht bekommen. Ich rannte schnurstracks zur Bahnunterführung. Ich dachte dabei an den Zementstreifen, der bei jeder alten Bahnunterführung zu beiden Seiten den Bahndamm begrenzt. In meinem Fall war er etwa fünf bis sechs Meter hoch und achtzig Zentimeter breit. Fünfmal auf dem Hintern herunter – fünfmal auf dem Bauch! Ich machte Akkordarbeit. Der pausenlose Regen kam meinem Plan sehr entgegen. Es begann schon zu dunkeln. Immer noch einmal: fünfmal Hintern, fünfmal Bauch. Selbst eine Hose aus Walzblech hätte diese Behandlung nicht ausgehalten. Auch edle Teile meines Körpers trugen Beschädigungen davon. Es gab keinen anderen Ausweg; das Vernichtungswerk musste vollkommen sein. Als ich in unsere Stube trat,

schimpfte meine Mutter so laut auf, dass die Hausbewohner zusammenliefen. Und das hieß etwas in dem roten Hinterhaus, in dem außer uns noch fünf Familien wohnten.
Wir teilten das Parterre mit der Familie Steinmann. Herr Steinmann hieß mit Vornamen Franz. In unserem Haus und auch in der Nachbarschaft riefen ihn alle bei seinem Vornamen. Warum – weiß ich nicht. Er war einmal Seemann gewesen und der einzige Mensch, den ich kannte, der Englisch verstand und selbst sprechen konnte. Eigentlich stellte ich mir einen Seemann anders vor als unseren Nachbarn Franz. Der hatte nämlich einen widerlich dicken Bauch und züchtete Brieftauben. Ich mochte ihn gut leiden. Eines Tages sah ich, wie er seine Frau schlug. Da mochte ich nichts mehr von ihm wissen. Wenn ich ihm begegnete, grüßte ich ihn nicht mehr. Das sollte er merken. Seine Frau war eine Polin und hatte rabenschwarzes Haar. Ich hätte sie nie geschlagen.
In der Zeit, in der ich Herrn Steinmann nicht mehr grüßte, hatte ich noch mehr Kummer. Er galt meiner ältesten Schwester. Ihre Figur hatte sich sehr merklich geändert und sie weinte viel. Ich wusste nicht genau den Grund, ahnte ihn aber. Manchmal weinte meine Mutter mit. Wenn zwei Frauen heulen, kann man nicht zusehen. Den Freund meiner Schwester, der sonst täglich gekommen war, hatte ich lange nicht mehr gesehen. Eines Abends kam ein kleiner, dicker Mann zu uns. Wir mussten alle aus der Küche heraus. Vater, Mutter und meine älteste Schwester blieben mit dem dicken Mann allein. Der dicke Mann atmete so laut wie ein Flusspferd. Auch seine Mundbewegungen erinnerten an dieses Tier.
Das Erscheinen des dicken Mannes machte mich unruhig. Ich schlich um das Haus herum und verkroch mich unter dem Küchenfenster. Viel konnte ich nicht verstehen. Plötzlich schrie mein Vater: »Wenn Ihr sauberer Herr Sohn meine Tochter nicht heiraten will, dann soll er es lassen! Hier müssen so viele Kinder groß werden, da kommt es auf eines mehr oder weniger nicht mehr an!«
Mein Vater konnte furchtbar schreien. Er war der Einzige von uns allen, der blaue Augen hatte. Wenn er wütend war, wurden

seine Augen groß wie Hühnereier. Das war der Augenblick, wo wir alle, einschließlich Mutter, kuschten. Er besaß die Geduld eines Engels. War jedoch eine gewisse Grenze überschritten, wurde ein tollwütiger Stier aus ihm. Es gab kein Möbelstück in unserer Wohnung, das davon kein Zeugnis ablegte.

Mein Vater konnte alles: Haare schneiden, Schuhe besohlen, Tische machen, Gurken einlegen, Gänse schlachten, anstreichen, kochen und sogar auf der Nähmaschine nähen. Er konnte keines der Dinge meisterhaft, aber er konnte es. Wir Jungen aus dem Hinterhaus waren für unsere Haarschnitte berühmt. Jeden Karsamstag wurde aus unserem Kopf eine Runkelrübe. Unsere Kopfhaare verschwanden an diesem Schreckenstag vollständig. Sonntags 8.30 Uhr tanzten wir Kinder alle einträchtig zur Schulmesse. Wir vier Brüder standen immer in der gleichen Bank; es war die vierte von vorn. Wie die Pfeifen der Kirchenorgel standen wir da nebeneinander. Es war ein ungeschriebenes Gesetz, dass »unsere Bank« beim Schulgottesdienst für uns frei blieb. Wehe, wenn sich andere darin breit machten. Wir vergaßen dann jegliche Andacht.

Ostersonntag war während der Schulmesse immer viel los, wenn unsere Glatzen spiegelten. Selbst die Aufsicht habenden Lehrposten hatten Mühe nicht mitzulachen. Besonders schlimm war es immer in der Reihe hinter uns. Ich bin überzeugt, dass unser Pastor während der Predigt krampfhaft bemüht war nicht in die Richtung zu schauen, in der wir vier kahlköpfigen Brüder standen. Unser Pastor hatte ein rundes, faltenloses und frisches Gesicht; er lachte gern und sehr laut. Warum auch nicht, es ging ihm gut. Er war eine Seele von Mensch. Bei unserem jungen Religionslehrer war ich gegenteiliger Meinung. Ich glaubte sicher, dass man diesen hageren, immer finster dreinblickenden Menschen schon in der Wiege mit einem Rohrstock bedacht hatte. Er wollte aus allen seinen Schülern Entsager machen. Aber das steckte bei uns Jungs aus dem roten Hinterhaus nicht drin. Wie sollte es auch, wir waren ewig hungrig.

Um noch einmal unsere zu Ostern kahl geschorenen Schädel zu erwähnen: Unser Vater behauptete, das Haar sei, wie alles, was wächst, den Naturgesetzen unterworfen. So wie eine Wiese nur

dann gesundes und kräftiges Futter hervorbringe, wenn sie kurz gemäht würde und besonders im Frühjahr eine gründliche Behandlung erfahre, so sei es auch mit unseren Köpfen; mit seinem übrigens auch. Also saßen wir Ostermittag zu insgesamt fünf Glatzköpfigen am Tisch.
Unsere Wohnung bestand aus der Küche und drei Zimmern. Alle vier Räume erhielten einmal im Jahr, meist kurz vor Ostern, einen neuen Anstrich; rosarot, blassgrün, ockergelb und mittelblau. Von jeder Farbe wurde ein Eimer voll angerührt; dann ging es los. Unser Vater war ein schneller Anstreicher. Im Höchstfall benötigte er für die vier Räume eineinhalb Tage. Für den oberen Bord hatte er eine Schablone, die mit einer der Farben aus den anderen Räumen abgesetzt wurde. Bei der Verschönerung unseres Heimes kam es meinem Vater nicht so sehr auf Farbharmonie an. Es war auch nicht so, dass er für seinen Geschmack oder die geleistete Arbeit gelobt werden wollte; aber meckern konnte er auch nicht vertragen. Besonders meine Schwestern hatten immer etwas auszusetzen. Rosarot zum Beispiel passte ihnen nie. Dann war das Blau zu kräftig, das Gelb zu schwach und Grün nicht modern genug; außerdem passten die Bilder nicht mehr zur neuen Farbe der Wand. Unser röhrender Hirsch machte sich nicht mehr gut auf dem kräftig blauen Hintergrund und die Heilige Familie mit den brennend roten Herzen durfte auf keinen Fall in dem Zimmer mit den nun blassrosafarbenen Wänden hängen bleiben. Das Hochzeitsbild meiner Eltern, mit dem eingerahmten Myrtenkranz meiner Mutter und Vaters Myrtenstrauß, sollte plötzlich in das ockergelbe Zimmer. Meine Schwestern waren wirklich unausstehlich; besonders Edeltraud, die zweitälteste. Sie fand ihren Namen schrecklich vornehm und ließ bei jeder Gelegenheit durchblicken, sie sei zu »Höherem« geboren. Das veranlasste sie auch, bei manchen Gelegenheiten nicht zu sprechen, sondern zu flöten. Wenn Vater in der Nähe war, traute sie sich dieses blöde Benehmen allerdings nicht.
»Red nicht so geschwollen daher«, sagte er nur. Dann verstummte Edeltraud. Meine Brüder und ich drückten das ganz anders aus als mein Vater; aber das kann man nicht niederschreiben und drucken darf man es schon gar nicht.

»In unserer Wohnung ist es nicht mehr auszuhalten. Vater hat diesmal Farbmuster gewählt, einfach tötend. Und die Bilder erst. Keine meiner Freundinnen kann ich mehr ins Haus bringen.« So flötete Edeltraud und außer meiner jüngsten Schwester Patschi unterstützten Annemarie und Sophie unsere Vornehme. Zwei, drei Tage ließ Vater sich das gefallen. Ich sagte schon, seine Geduld war die eines Engels.

Es war Karsamstag. Meine drei Brüder und ich sahen verstohlen in den Spiegel. Es konnte sich nur noch um Stunden handeln, dann waren wir unsere Haarpracht los.

»Eigentlich wollte Ute mich abholen, aber ich gehe besser zu ihr. Wenn Ute den Hirsch auf der scheußlich blauen Wand sieht, nein!« So sagte Edeltraud in ihrem höchsten Flötton. Annemarie, unsere Älteste: »Du mit deiner eingebildeten Ute. Aber wenn Bernd wirklich zu Ostern kommt und sieht die Myrtenkränze auf dem schrecklichen Grün, dann läuft er sofort wieder davon.« Die arme Annemarie, ihre Augen waren voll Tränen. »Er kann Kitschiges nicht ausstehen, schließlich war er ja auf der Oberschule.«

»Dreimal hängen geblieben und doch kein Abitur«, bemerkte Gustav, von uns Jungen der älteste. Ein giftiger Blick sollte ihn umbringen.

Ich sah meinen Vater an. Vor ihm auf dem Tisch lag die »Rhein-Post«; Freiexemplar, versteht sich. Aber unser Vater las nicht mehr aufmerksam darin. Sein Blick ging zu Edeltraud, zu Annemarie, im Wechsel. Von Blick zu Blick wurden seine Augen größer und das Blaue darin härter.

»Und erst die Heilige Familie in dem roten Zimmer«, ließ sich da Sophie vernehmen, sonst die schweigsamste von den Mädchen. Sie war pedantisch ordentlich und eine Frömmlerin. Ihr Einwurf ließ bei Vater das berühmte Fass überlaufen. Langsam stand er auf. Sofort trat Friedhofsstille ein. In der Küche hing der Hirsch. Mein Vater hob das Bild nicht von seinem Nagel herunter. Der unschuldige Nagel musste auch daran glauben. Er knallte mitsamt dem Bild auf den Boden. Glas klirrte. Aber Rahmen und Bild waren noch ganz. Mein Vater hatte die Schuhgröße fünfundvierzig. Er sprang mit beiden Beinen gleichzeitig auf den wehrlosen Hirsch.

Ich begrüßte es sehr, dass sich Vater nach diesem ersten Zerstörungswerk anders besann. Nicht auszudenken, wenn das schöne Hochzeitsbild, die Myrten und die Heilige Familie derselben Vernichtungswut anheim gefallen wären. Da waren die Ohrfeigen, die meine beiden ältesten Schwestern abbekamen, besser . . .

Mein Vater war ein überaus fleißiger Mensch. Es gab keinen Tag, an dem er nicht als Erster aus den Federn war. Es gab keine Arbeit, die ihm zu viel, zu lästig oder zu schwer gewesen wäre. Er hätte es in seinem Leben weit bringen können; aber er konnte sich nicht unterordnen. Lieber fing er Ratten auf der städtischen Müllkippe. Zu allen Zeiten gab und gibt es solche Menschen. Ihr Unglück beginnt, wenn sie eine Familie gründen.

Jetzt bin ich ganz von dem schrecklichen Tag abgekommen, an dem die Fabrik keine Ratten mehr von meinem Vater wollte. Als ich an diesem Tag von der Schule zurückkam, war meine erste Frage: »Ist Vater wieder da?«

Ich hätte diese Frage nicht zu stellen brauchen, denn Mutter hatte ein feuchtes Tuch um die Stirn gebunden, und das besagte alles. Solche Tage waren schlimmer als die, an denen ich mit zwei oder gar nur einer Schnitte Brot satt werden musste. Dabei konnte ich spielend fünfzehn verdrücken.

»Vielleicht kaufen sie doch alle Ratten«, sagte ich.

»Sei still!«, sagte Mutter nur.

Ich machte mich über die Salzkartoffeln und die Gurken her. Weiß der Kuckuck, wieso wir immer Gurken hatten; sommers und winters. Ganz kleine und mittelgroße. Ein paar gekochte Kartoffeln und eine mittelgroße Gurke zu Mittag; das war immer ein sehr schlechtes Zeichen. Dann war meist kein Pfennig mehr im Haus.

Während des Essens klärte mich Sophie auf. »Vater liegt schon im Bett«, sagte sie leise und zeigte verstohlen mit der Hand, wie man Schnäpse kippt.

»Hat Mutter viel geschimpft?«, fragte ich ebenso leise.

»Angefangen hat sie, aber dann war es ihr zu gefährlich. Vater hatte wieder seine großen Augen und er drohte, wenn Mutter nicht augenblicklich still sei, würde er aus allen Möbeln Brennholz machen. So richtig betrunken war er nicht.«

»Und was ist mit den Ratten?«

»Die muss er wieder auf die Schuttkippe bringen; in der Fabrik wollen sie keine Ratten mehr. Ihre Versuche führen sie jetzt nur noch an weißen Mäusen und Meerschweinchen durch.«

Woher sollte Vater weiße Mäuse und Meerschweinchen nehmen? Auf der Schuttkippe gab es nur Ratten. Das war der Todesstoß für das Unternehmen. Wo kann man sonst noch Ratten gegen Geld loswerden?

»Du kannst meine halbe Gurke essen«, sagte Sophie. Die Gurkenhälfte hatte ich bestimmt dem hageren Religionslehrer zu verdanken. Auf sein Anraten hin hatte sich meine Schwester Sophie sicher wieder vorgenommen zu Mittag auf den besten Teil des Essens zu verzichten. Ich bedauerte, dass es kein Stückchen Wurst oder Fleisch gegeben hatte. Ein Spiegelei wäre mir auch recht gewesen. Um in meiner Annahme ganz sicher zu gehen, fragte ich Sophie: »Hattet ihr heute Religionsstunde bei dem Mönch?«

»Du sollst das nicht immer sagen!«, fuhr sie mich an.

»Mönch« war unser Spitzname für den hageren Mann, der sich so viel Mühe gab aus den Kindern der Arbeiter wertvolle Menschen zu machen. Sophie lehnte es ab, noch ein Wort mit mir zu reden. Das war sehr ungerecht von ihr. Denn eine Ahnung sagte mir, dass ich für die nächste Zeit wieder den Haupternährer für die Familie abgeben musste. Meine paar Kröten für das Austragen der »Rhein-Post« waren oft genug die einzige Geldquelle im Haus gewesen.

Diesmal irrte ich mich. Herein kam Gustav, der älteste von uns Peters-Jungen. Peters war unser Familienname.

»Ich habe Arbeit gefunden!«, jubelte Gustav. Unsere kleine und zierliche Mutter packte er um die Hüften, hob sie vom Boden auf und drehte sich mit ihr im Kreis. Ein paar Minuten konnte man sein eigenes Wort nicht mehr verstehen. Gustav wurde von uns allen umringt. »Wo?« »Was verdienst du?« »Wie viel Stunden am Tag?« »Was sollst du tun, ist es schwere Arbeit?«

Nur Sophie saß ganz still mit gefalteten Händen. Sie schickte ein Dankgebet zum Himmel. Gustav war als Kaffeejunge bei einer Baufirma untergekommen. Er war schon vor zwei Jahren aus der

Schule entlassen worden und hatte bereits alles Mögliche angefangen. Laufbursche, Hilfsarbeiter in einer Schlosserei und bei einer Speditionsfirma war er; Schankjunge, Plakatankleber und in der Landwirtschaft hatte er es versucht. Aber keine seiner Stellen war von langer Dauer gewesen. An meinem Bruder Gustav lag das nicht. Er war fleißig wie unser Vater und konnte sich zudem unterordnen. Stark war er auch.
Nachdem Gustav meine Mutter wieder auf den Fußboden zurückgesetzt hatte, nahm sie das feuchte Tuch von der Stirn und weinte vor Freude. Dann ging sie ins Zimmer nebenan und brachte Johannes, ihrem Mann, diese frohe Nachricht. Wir waren alle richtig glücklich. Alle Tage würde es nun doch nicht nur Salzkartoffeln und saure Gurken geben.
»Wo die Not am größten – da ist Gottes Hilfe am nächsten!«, deklamierte Sophie.
»Quatsch nicht immer so einen Blödsinn zusammen!«, fuhr Erich, unser Fünfzehnjähriger, sie an. Erich war mitunter ein großes Ekel. Zu mir hatte er einmal heimlich gesagt: »An Sophies lieben Gott kann glauben, wer will, ich nicht! Wenn ich erwachsen bin, setze ich keinen Fuß mehr in die Kirche!«
Ich erinnere mich noch heute ganz genau, wie es mir bei dieser Gotteslästerung eiskalt über den Rücken lief. Und auch jetzt stimmte ich mit Sophie überein, die zu ihm sagte: »Du wirst noch einmal in der dunkelsten Hölle schmoren; aber ich werde trotzdem jeden Tag für dich beten wie für alle anderen Peters auch.«
»Dann kann ja keinem von uns etwas passieren«, spottete Erich. Unsere Mutter schimpfte ebenfalls mit dem gottlosen Jungen. Dann kam Vater aus dem Schlafzimmer und sagte: »Man müsste in die Kommunistische Partei eintreten!«
»Nein!«, fuchtelte Erich mit erhobener Hand. »Ich bin ein Nazi!«
»Sag das nicht noch einmal, du Rotzjunge!«, schrie mein Vater ihn an und drohte Erich mit der geballten Faust.
»Immer noch besser, als in die Kommunistische Partei eintreten«, wehrte Erich sich furchtlos. »Kommunisten kennen keinen Gott und kein Vaterland!«
»Das hat Vater doch gar nicht ernst gemeint. Er geht doch jeden Sonntag in die Kirche«, beruhigte die fromme Sophie.

»Möchte wissen, was er in der Kirche tut«, sagte Gustav; aber das hörte nur ich, so leise kam es über seine Lippen.
»Wenigstens würden die Kommunisten dafür sorgen, dass man seine Kinder in einer Lehrstelle unterbringen kann und nicht nur Hilfsarbeiter aus ihnen werden müssen«, brummte Vater mehr zu sich selbst als zu den Mitgliedern seiner Familie.
»Die Weltwirtschaftskrise ist überwunden! Jetzt geht es uns bald allen besser!« Das sagte ich. Am Tag zuvor hatte es in der »Rhein-Post« gestanden. So ganz schädlich ist es nicht, wenn man in jungen Jahren die Zeitung austragen muss. Meine älteren Geschwister lachten. Vater sagte nichts. Nur seine große, warme Hand legte er einen Augenblick auf meinen Kopf. Mit Zärtlichkeiten waren wir innerhalb unserer Familie alle sehr sparsam. Deshalb erinnert man sich an die wenigen, die es gegeben hat, umso besser und ein ganzes Leben lang.
Mutter drückte mir ein kleines, blaues Notizbüchlein in die Hand und flüsterte: »Ein großes Graubrot, ein Pfund gewöhnliche Blutwurst und für Vater eine Flasche Bier. Sag, dass Gustav morgen früh mit der Arbeit anfängt.«
Oh, war mir das immer eine bittere Pille. Wie gern hätte ich das schmierige Heftchen in tausend Fetzen zerrissen oder den Flammen anvertraut. Jedes Mal schämte ich mich halb zu Tode, wenn ich das Büchlein nach dem Einkauf über die Ladentheke schieben musste. Die Röte trieb es mir bis in die Stirn, wenn die dicke Krämerin mit ihren Wurstfingern umständlich die gekauften Waren darin aufschrieb, für die ich das Geld schuldig bleiben musste. Jedes Mal machte sie eine abfällige Bemerkung. Ich kam noch glimpflich davon, wenn sie nur sagte: »So, jetzt gibt's nichts mehr, bis ein Teil von der langen Latte, die hier steht, bezahlt ist! Bestell das gefälligst zu Hause!« Besonders gern und laut machte sie derartige Bemerkungen, wenn ihr schmutziger Saftladen voller Leute stand.
Über die Familie in dem roten Hinterhaus schien tatsächlich so etwas wie die Sonne aufzugehen. Wieder war Ostern geworden. An diesem Osterfest standen nur drei kahlköpfige Jungen während des Schulgottesdienstes in der Kirchenbank. Mit Erfolg hatte Gustav ein Veto gegen Vaters Haarbehandlung eingelegt.

Er wurde bald siebzehn Jahre alt und schielte schon nach Weiberröcken. Erich war vor wenigen Tagen aus der Schule entlassen worden. Seine politische Einstellung war unverändert. Nur wenn unser Vater in der Nähe war, sprach er nicht darüber. Aber mich, mit meinen elf Jahren, wollte er immer zu einem Nazi machen. Doch ich spielte lieber Fußball oder las den Fortsetzungsroman in der »Rhein-Post«, die ich immer noch, Tag für Tag, in die Häuser brachte. Manchen Tag verwünschte ich die Austragerei in alle Höllen, kam dann aber der Monatserste und ich konnte ein paar Mark auf den Tisch des Hauses legen, war ich jedes Mal sehr stolz. Von dem Trinkgeld, das ich spärlich genug bekam, durfte ich immer etwas für mich behalten. So ganz ehrlich war ich dabei allerdings nie. Bevor ich das Trinkgeld meiner Mutter abgab, hatte ich mir schon einen Teil davon unter den Nagel gerissen. Es war ja unkontrollierbar.

Meine älteste Schwester hatte inzwischen ihren Bernd bekommen und ein Kind. Ihr heiß geliebter Bernd war allerdings arbeitslos geworden. Wir hatten den dreien eines unserer Zimmer abgetreten. Wo hätten sie auch sonst wohnen sollen! Das Zimmer hatte einen separaten Eingang. Wenn sie wollten, waren sie ganz für sich.

Unser Vater arbeitete am Rheinkai; er verdiente gut. Die Arbeit, die er dort bekommen hatte, war allerdings sehr schwer. Vater gehörte zu der Kolonne, die die Schwefelkiesschiffe, die aus dem Norden Europas kamen, entladen musste. Schwefelkies hat ein beachtliches Gewicht. Die Schiffe mussten wegen der hohen Liegegebühr schnell entladen werden, da gab es keinen Achtstundentag. Und zehn oder zwölf Stunden Schaufel für Schaufel Schwefelkies in die Krankörbe schmeißen, das konnten nur kräftige Männer. Wenn kein Schiff zu löschen war, gab es eben keine Arbeit für die Kolonne. Meine Mutter war aber auch so mit Vaters Verdienst zufrieden. Wir waren alle froh, dass das Rattengeschäft vorbei war. Es machte doch keinen guten Eindruck auf die Umgebung. Auf unserem Tisch waren saure Gurken und Salzkartoffeln selten geworden. Fast jeden Sonntag gab es sogar Fleisch. Es fiel zwar nicht immer sehr leicht, die zugeteilte Fleischportion auf dem Teller wieder zu finden, aber die Kartoffeln schmeckten doch etwas danach.

Nachmittags, wenn ich hungrig nach Hause kam – Zeitungen austragen macht Appetit –, gelang es mir manchmal, unbemerkt an die Brotdose zu kommen. Ich konnte schneller Brot schneiden als die raffinierteste Brotschneidemaschine. Mit diesem Talent rangierte ich direkt hinter Gustav.

Von unserem Nachbarn Franz, der Seemann gewesen war, habe ich schon erzählt. Wir hatten uns wieder ausgesöhnt. Nachdem ich fünfmal oder noch häufiger Zeuge gewesen war, wenn er seine pechschwarze Frau schlug, die aus Polen stammte, gewöhnte ich mich daran und nahm es nicht mehr so tragisch. Ein freches Mundwerk hatte sie, das ist wahr, und dem hübschen Alex Sartorius vom ersten Stock machte sie allzu schöne Augen. Ich war ein kleiner Junge, trotzdem dachte ich, dass Franz besser auf seine Frau achten sollte statt ewig bei seinen Tauben zu stecken.

Sonntagvormittag gab Franz, wie er allgemein genannt wurde, jedes Mal eine kleine Zirkusvorstellung auf dem Hof zwischen dem Vorder- und Hinterhaus. Ich kannte ihn nicht anders als in einer blauen Arbeitshose aus Leinen. Sie wurde von einem speckig glänzenden Lederriemen gehalten. Bei jeder Witterung war er ohne Rock. Meist trug er nur noch ein Unterhemd zu der blauen Leinenhose, über die sich sein mächtiger Bauch wölbte. Auf den immer bloßen Unterarmen gaben ein tätowierter Anker und der Kopf eines Mädchens letztes Zeugnis vom fahrenden Seemann.

Diese Aufmachung störte Nachbar Franz auch nicht am Sonntagmorgen, wenn ringsumher alles in den besten Kleidern aufkreuzte. Er stand in der Hofmitte und pfiff. Nein, das ist nicht richtig. Pfeifen konnte man nicht dazu sagen; er flötete in den zartesten Tönen. Es war unfassbar, dass dieser grobschlächtige Mensch solch wunderbar zarte und lockende Töne hervorbringen konnte.

Auf dem Dachfirst des roten, unverputzten Hinterhauses saßen einige Tauben. Schon bei den ersten Flötentönen bewegten sie die Köpfe hin und her und lugten in den Hof hinab. Dann begannen sie unruhig auf dem Dach hin und her zu hüpfen. Aus den verschiedenen Eingängen des offenen Schlages kam bald

eine kleine Taubenprozession herausspaziert, angelockt von den sanften Mundtönen ihres Besitzers.
Hatten die Lockrufe des Seemannes genügend Tiere neugierig gemacht, tat er etwas Raffiniertes. Er streckte seine Arme aus und hielt seine Hände weit offen, so als hielten sie Futterkörner bereit. Gleichzeitig wurde sein Pfeifen lauter und ähnelte dem Gurren der Tauben. Dann flatterten sie heran. Erst eine, die zweite, drei, fünf, sieben und noch mehr. Sie saßen auf seinen Schultern, dem Kopf, den Armen und Händen. Es waren oft so viele, dass sie nicht genügend Platz an seinem Körper hatten und darüber in Streit gerieten.
Franz, der Seemann, strahlte über sein ganzes Gesicht, das gesund und voll war. Er rauchte nicht und trank keinen Alkohol; was man doch von einem alten Seemann landeinwärts nicht zu glauben geneigt ist. Sein einziges Vergnügen waren seine gefiederten Freunde. Es war oft genug von ihm bestätigt worden.
Meine Schwester Annemarie, die ein süßes Kind hatte und einen hübschen Mann, der arbeitslos war, machte keinen sehr glücklichen Eindruck. Ein Zimmer hatten sie ja nun und auch ein Bett, in dem sie jede Nacht zusammen schlafen konnten. Das Kind, es war ein Junge, brauchte ja noch wenig Platz. Aber einen Schrank hatten sie nicht in ihrem Zimmer stehen. Die wenigen Teller und Töpfe standen in einer so genannten Wasserbank gleich neben dem Spülbecken. Davor hing ein Vorhang mit dem schönen Spruch »Eigener Herd ist Goldes wert!«. Der Vorhang war ein Geschenk Sophies an ihre Schwester. Weil die Hochzeit so sehr dringend war, hatte Sophie halbe Nächte an dem Spruch gestickt. Sophie wusste immer, was Not tat.
Aber woher einen Schrank nehmen? Schließlich musste Bernd mit einer winzigen Staatsunterstützung drei Personen durchbringen. Nicht einmal mit einer Groschen-Ratenzahlung hätte ein Schrank gekauft werden können. Mein neuer und noch sehr junger Schwager, der mich nicht sonderlich gut leiden mochte, war aber ein gerissener Junge. Es gab Dinge, bei denen er einen sechsten Sinn entwickelte. Und er besaß ein Fahrrad. Ich beneidete ihn sehr darum. In unserer Familie hatten wir diesen

Lebensstandard noch nicht erreicht. Schwager Bernd ließ mich nie auf seinem Fahrrad fahren; es war sein Heiligtum. Bernd hielt sich nicht gern zu Hause auf. Immer in dem einen Zimmer sitzen müssen, in dem meine Schwester ihren Säugling stillte, wenn er nicht gerade schlief oder schrie, ist nicht besonders schön. Ich konnte meinen Schwager gut verstehen.

Wenn es ihm in seiner Wohnung nicht mehr zusagte, setzte er sich auf sein Fahrrad. Was hätte er sonst auch tun sollen? Mein Schwager Bernd hatte Augen wie ein Luchs, nichts entging ihm. So radelte er eines Nachmittags außerhalb der Stadt auf den schmalen Wegen in den Rheinwiesen umher. Es gab da eine Reihe hübscher Obstgärten. Wenn die Früchte auch noch nicht reif waren, so konnte man doch einmal Nachschau halten, ob die Bäume eine Ernte versprachen, die auch für einen arbeitslosen jungen Ehemann und seine Familie etwas abwerfen würde. Die Zeiten waren mehr als schlecht.

Just zwischen den Wiesen und Obstgärten stand ein einfaches Haus. Eigentlich war es kein richtiges Haus zum Wohnen für eine oder gar mehrere Familien. Es diente nur zur Übernachtung von solchen Menschen, die kein Hotelzimmer bezahlen konnten. Dieses Haus erregte Bernds Neugier. Er zögerte deshalb nicht lange und stattete dem Haus einen Besuch ab.

In den beiden gleich großen Räumen zur ebenen Erde standen je vier primitive Holzpritschen ohne jede Auflage. Man kam sich vor wie in einer Gefängniszelle. Nur in einem der Räume stand auch noch ein Schrank. Kein eleganter und gepflegter Schrank aus wertvollem Holz, aber ein Schrank. Bernd wäre glücklich gewesen in seiner Lage einen solchen Schrank zu besitzen. Er konnte seinen Blick nicht von diesem Möbelstück losreißen. Das war der Grund dafür, dass er den friedlich auf einer der Pritschen schlafenden Vagabunden erst bemerkte, als dieser sich laut und schnarchend in eine bequeme Lage brachte. Bernd zog es vor, sich ebenso still zu verkrümeln, wie er gekommen war.

Mein Vater war nicht nachtragend; er hatte längst vergessen, dass sein erster Schwiegersohn nicht gern in seine Familie eingetreten war. Es war ja nun alles in bester Ordnung. Annemarie hatte kein uneheliches Kind zur Welt bringen müssen. Die

Ehre der Familie Peters war in dieser Richtung fleckenlos; sofern man sich nicht die Mühe machte das Familienstammbuch meiner Eltern einer genauen Prüfung zu unterziehen. Unser Vater betrachtete Bernd wie einen seiner eigenen Söhne.
»Da habe ich einen Schrank gesehen«, deutete Bernd seinem Schwiegervater an.
»Was soll er kosten?«, runzelte Vater die Stirn.
»Kennst du die alte Bude in den Rheinwiesen?«
»Die alte Herberge zur Heimat? Und darin soll es einen Schrank geben?«
»Es gibt einen Schrank in der Herberge«, sagte mein Schwager, »und ich wünschte, den hätte ich. Einen Schrank müssen wir wirklich haben.«
»Den können wir holen«, meinte mein Vater. »Wer in der Bude übernachten muss, braucht sowieso keinen Schrank.«
»Aber in der Herberge hat sich ein Landstreicher häuslich eingerichtet.«
»Sagtest du Landstreicher? Der muss raus! Wahrscheinlich hat dieses Individuum allen Grund das Tageslicht zu scheuen.«
Mein Vater kramte aus der Schublade unseres Küchenschrankes einen Bogen Papier hervor. Es waren nur wenige Zeilen, die er darauf schrieb. Es ging ganz schnell. Er steckte den beschriebenen Bogen in einen Umschlag, den er zuklebte. Den verschlossenen Umschlag drückte er mir in die Hand.
»So«, sagte er dann zu mir, »damit läufst du schnell zur Polizeiwache. Dem ersten Polizisten, der dir in den Weg läuft, gibst du den Brief. Und dann verschwindest du augenblicklich. Hast du das verstanden?«
»Ja«, sagte ich und wetzte los. Was Spuren anbetraf, kam ich ganz auf meinen Vater.
Damals war unsere Polizei noch sparsam. Funkstreifenwagen gab es noch keine, motorisiert war nur die »Grüne Minna«. Die Beamten des Außendienstes waren damals noch Radfahrer.
Schwager Bernd hatte mich bis zur Wache auf seinem Fahrrad verfolgt. Er verfolgte auch die beiden Beamten, die bald, nachdem ich meinen Brief bei ihnen losgeworden war, munter radelnd in Richtung Rheinwiesen verschwanden. Eine halbe Stun-

de später kamen sie zurück. Ihre Dienstfahrräder schoben sie rechts und links neben sich her. In ihrer Mitte ging ein ziemlich abgerissener Mensch. Sein Gesicht wirkte zwar durch die langen Bartstoppeln etwas Furcht erregend, hatte aber einen ganz zufriedenen Ausdruck, wenn man näher hinschaute. Vielleicht freute er sich, dass nun für eine Weile Vater Staat für seinen Lebensunterhalt aufkommen würde. In der alten Bude am Rhein war auf die Dauer auch keine rechte Bleibe.
»Die Luft ist rein!«, meldete Schwager Bernd seinem Schwiegervater.
Bei dem Gemüsehändler in unserer Straße borgte mein Vater einen Handkarren. Bei beginnender Dunkelheit setzten sich Schwiegervater und Schwiegersohn damit zu den Rheinwiesen in Bewegung. Beim Aufladen und Transport des Schrankes störte sie kein Mensch. Diese Sorge hatten ihnen die freundlichen Hüter des Gesetzes abgenommen.
Als meine Mutter davon erfuhr, schlug sie die Hände über dem Kopf zusammen und sagte:»Mein Gott, Mann, das ist gestohlen!« Augenblicklich griff sie nach dem feuchten Tuch für ihre Stirn. Von diesen Tüchern besaß meine Mutter zwei. Eines war blau und hatte die Größe eines einfachen Waschlappens. Das zweite war rosa und von der Größe eines halben Handtuchs. Letzeres war für besonders schwere Fälle. Diesmal benutzte sie das rosafarbene Tuch. Die Schandtat, die von den beiden erwachsenen Männern der Familie verübt worden war, rechtfertigte diese Maßnahme.
»Sophie darf von der Sache nichts erfahren!«, bat sie händeringend, »das arme Kind stirbt sonst vor Gram ob dieser Sünde!«
»Sind Bernd oder Annemarie schuld daran, dass sie sich einen Schrank nicht ehrlich kaufen können, oder etwa wir?«, brummte mein Vater.
Sophie erfuhr doch davon. Meine Schwester Annemarie, glücklich darüber, dass sie ihre beiden Fähnchen nun in einem Schrank unterbringen konnte, hielt nicht dicht. Ihr junger Ehemann Bernd wurde krebsrot und erklärte: »Klatschtante, man müsste dich um die Ohren hauen!«
Ich dachte an die Frau des Seemannes. Nun ging es in dieser neuen Ehe auch so los. Stattdessen knallte Bernd seinem kleinen

Sprössling ein paar auf den rosaroten Nackten, weil er nicht aufhören wollte zu schreien. Der Säugling brüllte aber nur noch aufreizender und ließ deutlich sein Missfallen ob dieser Behandlung durchblicken. Mein Vater schimpfte mit Bernd wegen der Schläge, obwohl sie doch vorher so einträchtig miteinander gestohlen hatten.
Meine fromme Schwester Sophie war zur betenden Mumie geworden. Sie sprach mit keinem von uns mehr, außer mit Mutter. Bis Mittag blieb sie völlig nüchtern. Mittags aß sie genau sechs halbe Salzkartoffeln. Keinen Bissen dazu, und wenn es noch so eine verlockende Zuspeise gab. Am Abend war sie nicht zu bewegen ihrem Körper mehr als eine Tasse Malzkaffee und zwei Scheiben Brot, belegt mit Margarine und Kunsthonig, zuzuführen. Sie wurde schon richtig durchsichtig. Wenn sie meiner Mutter beim Abwaschen half, torkelte sie vor Schwäche hin und her.
Mein Vater sah diesem Spielchen drei oder noch mehr Tage wortlos zu. Eines Abends: Sophie saß, mit leicht sich bewegenden Lippen und gefalteten Händen vor ihren beiden Brotscheiben. Dann kaute sie langsam, als sei auch dies noch sündhaft genug. Vielleicht kaute sie auch deshalb so langsam, weil sie dann länger etwas von den zwei Scheiben hatte.
Im Gesicht meines Vaters arbeitete es unheilvoll. Ich hörte das Knirschen seiner Zähne; seine Backenmuskeln sprangen auf und ab. Seine Hände lagen zur Faust geballt auf der Tischplatte. Die Knöchel daran hüpften hin und her. Endlich schluckte Sophie den letzten Bissen hinunter. Mein Vater atmete ganz tief. Mit der eingezogenen Luft hätte er einen ganzen Freiballon füllen können.
»Bist du satt?«, fragte er mit selten milder Stimme und ganz leise meine Schwester. Mutter rückte das rosafarbene Tuch, das für schwere Fälle – sie trug es seit dem Schandabend auf der Stirn –, mit einem ergebenen Seufzer zurecht. Gustav feixte und Erich trat mich unter dem Tisch viel sagend vor das Schienbein. Unter anderen Umständen hätte ich zurückgetreten, besonders da ich noch meine genagelten Straßenschuhe trug. So aber bannte mich das Geschehen über der Tischplatte.

»Ja, Vater, ich muss satt sein«, hauchte meine fromme Schwester. Ich sah, wie die Farbe im Gesicht unseres Haushaltungsvorstandes zweimal wechselte. Da sprang Vater auf, beinahe wäre der Tisch umgefallen. Er packte Sophie, und ohne Rücksicht auf Mutters lauten Aufschrei und ohne auf unser Geschirr zu achten, zerrte er meine arme Schwester über den Tisch. Im Nu lag Sophie bäuchlings auf seinen Knien. Mutter, deren feuchtes Tuch auf der Erde lag, konnte endlich den Rasenden bewegen einzuhalten.

Schnell schmierte Mutter noch ein paar Stullen. Einige davon belegte sie sogar mit Blutwurst, was wir Jungen voller Neid beobachteten. Sophie schluchzte in sich hinein. Nachdem er uns alle mit einem drohenden Blick bedacht hatte, verließ unser Vater die Küche. Gustav ging ebenfalls hinaus. Er konnte den Anblick der Blutwurststullen nicht ertragen, von denen ich insgeheim hoffte auch eine abzubekommen. Ganz ausgeschlossen, dass Sophie sie alle verdrücken würde.

Wie man sich irren kann. Sophie, noch unter Tränen, biss sich ein. Erst eine Stulle, die zweite, dritte, vierte. Sie aß immer schneller. Zum Schluss verschlang sie die Bissen richtig; sie war völlig ausgehungert. Mutter griff schon wieder nach Brot und Messer, um Nachschub zu schaffen. Ein Glück, dass genug im Haus war. Für so viele und so gute Brote hätte ich mich auch vertrimmen lassen. Gustav bestimmt mit Vergnügen. Ich glaubte, Sophie würde nie mehr satt werden. Mutter war so glücklich, dass sie nicht mehr an das feuchte Kopfwehtuch dachte. Endlich prustete Sophie drei-, viermal hintereinander. Auf ihrem Gesicht lag ein selig zufriedenes Lächeln. Ja, so war mein Vater. Er wusste genau den Zeitpunkt, an dem nur noch Prügel helfen können.

*

2) Bis auf die Haut durchnässt, betrat ich an einem verregneten Herbsttag unsere Küche.

»Zieh schnell das nasse Zeug aus«, sagte Mutter besorgt.

Als sie mit trockenen Kleidungsstücken aus dem Nebenraum zurückkam, meinte sie: »Heute spreche ich mit Vater, er verdient ja am Kai nicht schlecht. Es geht auch ohne die paar Mark, die dein Zeitungsaustragen einbringt. Wer weiß, wie der Winter wird.«

Musik in meinen Ohren. Täglich mehr als zwei Stunden, die ich nun wie meine Freunde aus der Straße am Rhein zum Spiel erübrigen konnte.

Dann kam mein Vater von seiner Arbeitsstelle.

»Schon so früh heute?«, staunte unsere Mutter, um dann erschrocken auszurufen: »Was ist los? Bist du krank, Johannes?«

Das Gesicht meines Vaters war grau; seine starken Hände zitterten.

»Der schmierige Haller hat es tatsächlich so weit gebracht, dass sie mich entlassen haben«, sagte Vater mit rauer Stimme.

»Ach, du lieber Gott! Schon wieder ohne Arbeit und kein Geld!«

Mir gab es augenblicklich einen Stich in die Magengegend. Ich dachte an Salzkartoffeln und mittelgroße Gurken, mit denen wir nun täglich wieder Bekanntschaft machen würden. Jetzt war mir auch klar, weshalb Vater in den letzten Tagen so unleidlich gewesen war.

Haller war der neue Kaimeister. Er musste ein paar Leute loswerden, damit aus seinem Verwandten- und Bekanntenkreis einige Arbeitslose weniger wurden. Nie waren ihm die Krankörbe voll genug und immer ging ihm das Entladen zu langsam. Er hatte es darauf abgesehen, dass der eine oder andere der Arbeiter aufsässig wurde. Damals gab es keine Widerworte, auch wenn sie noch so berechtigt waren. Den Männern, die den schweren Schwefelkies aus den Leibern der Frachtkähne schaufelten, blieb nichts anderes übrig als eine Faust in der Tasche. Auch Vater versuchte das eine Zeit lang. Bis ihm der Kragen platzte.

Die wöchentliche Entladeprämie, die bei allen nach der Anzahl der voll gekippten Krankörbe bemessen wurde, strich der neue Meister meinem Vater kurzerhand. Er begründete es damit, Vaters Körbe seien nicht vorschriftsmäßig gefüllt gewesen. Jeder Mensch, der meinen Vater kannte, wusste um seinen Fleiß. Mein geduldiger Vater wurde zum tollwütigen Stier. Hätten nicht einige besonnen gebliebene Männer eingegriffen, Meister Hal-

ler wäre mit Sicherheit von meinem Ernährer von der zehn Meter hohen Kaimauer in den Rhein befördert worden. Jedenfalls von der Beendigung meines Zeitungsjungendaseins war keine Rede mehr.
Mein Bruder Erich klärte mich am Abend über die Hintergründe der eingetretenen Situation auf. Alles lag an unserer unfähigen Regierung. Wenn erst seine Bewegung die Macht in Deutschland erobert hätte, dann werde es keine Arbeitslosen und keine Meister Haller mehr geben. Frei und stolz würden die Werktätigen in einem politisch geeinten Vaterland leben können. Jeder habe mehr als genug zu essen. Die reichen Bonzen würden das Prassen verlernen, Freimaurer, Juden, Vaterlandsverräter und alle übrigen schamlosen Ausbeuter unseres Volkes erhielten ihre gerechte Strafe. »Wer nicht für uns ist, der ist gegen uns!«, rief Erich in unser dunkles Schlafzimmer, in dem wir vier Brüder in zwei Betten die Nächte verbringen mussten. Man spürte die gesammelte Kraft, die Erich seiner Stimme verlieh, um den kernigen Satz in die Herzen seiner Brüder zu senken; außerdem befand er sich gerade im Stimmbruch. Es lief mir richtig kalt am Körper herunter.
Zum Glück lag Gustav, der älteste von uns Jungen, noch nicht in seiner Kiste, sonst hätte es wieder Krach zwischen den beiden gegeben. Gustav nahm seinen politischen Bruder nicht für voll. Er selbst kümmerte sich nur um Mädchen und um seine Arbeit. Als im Haus Gerüchte über Alex Sartorius vom ersten Stock und die hübsche Frau unseres Seemannes umliefen, machte Gustav unanständige Bemerkungen. Aber der eisenharte Erich war ihm ganz schön in die Parade gefahren.
»Du sollst dich schämen, Gustav! Die Familie ist die Keimzelle der Nation. Wenn ich einmal heirate, dann nur ein Mädchen unserer Rasse und eines, das erbgesund ist und kräftige Kinder zur Welt bringt!«
»Und woher willst du wissen, zu welcher Rasse du gehörst?«
»Ich? Ich bin ein Arier, was sonst?«
»Weißt du das ganz genau?«
»Das – das spürt man doch! Sonst könnte ich nicht so denken.«
»Weißt du, was du bist, Bruderherz? Du bist ein Idiot! Ich heirate

nur ein Mädchen, das mir gefällt. Von mir aus kann es dann sogar schwarz sein, von oben bis unten. Und jetzt Ruhe; ich will schlafen!«
»Der wird noch einmal erleben, wie Recht ich habe. Man muss sich schämen über so einen gesinnungslosen Bruder!«
Letzteres flüsterte Erich mir zu; dann legte er sich mit dem Gesicht zur Wand und war still.
Meine Eltern waren zu bedauern. Acht Kinder und alle so verschieden, das ist eine Last. Unsere fromme Sophie hatte eine neue Stelle gefunden. Ihr Wunsch, Krankenschwester zu werden, ließ sich nicht erfüllen. Sie sah es selbst ein, nachdem sie vier Wochen in einem Krankenhaus gearbeitet hatte. Jeden Tag fiel sie wenigstens zweimal um. Dazu genügte bei ihr der Anblick eines einzigen Bluttropfens. Sie erlitt die Schmerzen und Leiden aller Kranken der Anstalt am eigenen Leib. Das kann kein Mensch lange aushalten. Nach den vier Wochen Krankenhaus war unsere Sophie nur noch ein Gespenst. Der Chefarzt selbst schickte sie zu uns zurück; er versicherte, er hätte sie lieber behalten. Sophie habe wohl das Herz einer Krankenschwester, nicht aber den Körper. Ihren Verbleib im Krankenhaus konnte er nicht länger verantworten. Meine Eltern glaubten ihm aufs Wort.
Sophies neue Arbeitsstelle war eine Buchdruckerei. Sie stand nun den ganzen Tag an einer Maschine, in die sie Papierbogen einlegte. Sie nannte sich Einlegerin. Als sie das zu Hause kundtat, musste ich an unseren Topf mit den eingelegten Gurken denken, der im Keller stand. Als Einlegerin wurde es Sophie nicht schlecht, trotzdem weinte sie allabendlich.
Soweit ein Bruder das beurteilen kann, war Sophie ein leidlich hübsches Mädchen. Ihre großen, braunen Augen sahen immer verträumt in weite Fernen. Sie war still, bescheiden und adrett. An Sophie gab es einfach nichts zu tadeln.
Im Maschinensaal der Buchdruckerei arbeiteten nur wenige Mädchen; deshalb herrschte dort seit jeher ein ungezwungener Männerton. Für unsere Sophie war »Popo« schon ein sündhaftes Wort. Die allabendlichen Tränen galten der sündigen Welt, in die sie in der Buchdruckerei hineingeraten war. Am letzten

Arbeitstag vor dem Weihnachtsfest gab ihr der Meister gut gelaunt gegen drei Uhr am Nachmittag einen Klaps auf den Hintern und sagte: »Mach Feierabend für heute, kleiner Scheißer!« Er wusste nicht, dass er damit meiner Schwester das ganze Fest verdorben hatte.

»Dann musst du ins Kloster gehen!«, brauste unser Vater auf. »Die Menschen können nicht alle so brav und heilig sein wie du!« Unser Vater war ernsthaft böse.

»Johannes!«, sagte Mutter vorwurfsvoll vermittelnd.

»Zum Donnerwetter, das Kind muss sich endlich damit abfinden, dass unsere Welt noch nicht der Himmel ist!«

Zu Beginn des neuen Jahres kam eines Abends der Mönch zu uns. Er gab jedem die Hand und war ganz anders, als ich ihn vom Unterricht her kannte; viel freundlicher. Da glaubt man seine Pappenheimer zu kennen und muss feststellen, wie sehr man sich doch irren kann. Und das Tollste kam erst. Der geistliche Herr war wegen unserer Sophie erschienen. Sie hatte Vaters Vorschlag, ins Kloster zu gehen, als den einzig richtigen Weg ihres Lebens erkannt. So sagte sie wenigstens. Der Mönch war der Erste, den sie von dieser neuen und endgültigen Absicht unterrichtet hatte. Nun war er da, um diese Angelegenheit mit meinen Eltern zu besprechen.

Mein Vater stützte mit der linken Hand seinen Kopf, den er immer wieder fassungslos schüttelte. Ich hatte ihn selten so verwirrt fassungslos gesehen. Wer aber geglaubt hatte, unser Religionslehrer sei gekommen, um meine Eltern davon zu überzeugen, dass Schwester Sophies Lebensweg wirklich nur ins Kloster führen könne, der irrt sich. Er malte vor Sophie und meinen Eltern ein Leben, bei dem es mir freiheitlich gesinntem Knirps schaudernd über den Rücken rann. Er, der immer Opfer, Verzicht und Entsagung predigte und deshalb den Namen Mönch bekommen hatte, hob vor diesen Dingen nun warnend den Finger.

»Denn«, so sagte er, »wer diesen Weg einmal eingeschlagen hat, findet kein Zurück mehr. Es ist kein Beruf, den man wechseln kann, wenn er einem nicht zusagt, sondern es ist eine Berufung!« Und zu meinen Eltern gewandt, sprach er von

einem kritischen Lebensalter, in dem sich unsere Sophie zur Zeit befinde.
»Ich möchte aber trotzdem«, hauchte Sophie voller Entsagung.
»Tu es nicht, Sophie, sonst kannst du nie mehr nach Hause kommen?« Das rief ich, noch unter dem Eindruck der anschaulichen Schilderung unseres Besuchers.
Um den herben Mund des Mönches spielte ein leises Lächeln, während er mich freundlich ansah. Etwas zögernd wandte er sich dann wieder an Sophie: »Das darfst du auch und ich werde dir dabei nach besten Kräften helfen. Doch wir wollen nichts übereilen. Vorerst lassen wir alles, wie es ist.«
Dann erfuhr ich, dass unser Religionslehrer einmal ein ganz gewöhnlicher Schlosser gewesen war. Den Ersten Weltkrieg hatte er vom ersten bis zum letzten Tag an der Front erlebt. Dann erst, als gereifter Mann, hatte er sich zu seinem jetzigen geistlichen Beruf entschlossen. Und plötzlich mochte ich den Mönch. Sein Gesicht erschien mir nicht mehr hager, sein Blick nicht mehr streng und seine Stimme nicht mehr hart. Als er sich auch von mir mit Handschlag verabschiedete, hätte ich ihm am liebsten versprochen ihn nie wieder zu ärgern und Mönch zu nennen.
»Für einen Priester ein ganz vernünftiger Mensch«, sagte unser kluger Erich, der ja über Dinge wie Himmel und Hölle erhaben war.
»Du wirst noch deine Wunder erleben, wenn du so bleibst«, sagte Vater zu ihm.
»Das werden wir alle und hoffentlich recht bald!«, weissagte der junge Politiker unserer Familie und konnte nicht ahnen, wie Recht er damit einmal haben sollte.
Patschi, unser zurückgebliebenes Schwesterchen, machte uns allen wieder einmal Kummer. Sie war jetzt neun Jahre alt und immer noch in der ersten Klasse. Auch ihr drittes Schuljahr musste sie wieder in dieser Klasse beginnen. Ihre größten Mitschülerinnen überragte sie um Hauptesläng. Der Abstand von ihren Klassenkameradinnen war schon so groß, dass sie einige von diesen bemutterte. In dieser Richtung hatte sie ein gesundes und klares Gefühl. So konnte es geschehen, dass sie

am Nachmittag plötzlich sagte: »Ich muss schnell zu Webers in die Schillerstraße. Die kleine Gerti hat bestimmt die Schulaufgaben vergessen. Und helfen muss ihr auch jemand, sie ist nämlich ein bisschen dumm.«

Was half es, dass wir ihr sagten, wie es um sie stand. Sie lächelte nur überlegen, so, als wollte sie sagen: »Lernen ist nicht meine Lebenserfüllung.« Wenn man ihr bei den Schularbeiten half, brachte sie den geduldigsten Menschen zur Raserei. »Wie schnell du rechnen kannst«, lobte sie oder: »Schreib doch eine Reihe A, du machst so eine schöne Schleife.«

Sie tat immer so, als ginge sie das alles nichts an. Weder mit guten Worten noch mit Drohungen war sie zu bewegen auch nur einen Federstrich zu tun, wenn sie nicht wollte. Und Patschi wollte nie. Mit Schlägen war bei ihr nichts, aber auch absolut nichts auszurichten. Das hatten wir alle längst aufgegeben.

Im ganzen Rheinviertel gab es keinen Menschen, der Patschi nicht mochte. Sie war wie ein Zigeunerkind. Nicht nur äußerlich mit ihren schwarzen Augen und dunklen, ewig unordentlichen Haaren sowie der braunen Gesichtsfarbe, sondern auch in ihren grazilen und geschmeidigen Bewegungen. Außerdem fühlte sie sich überall zu Hause und war auch Fremden gegenüber von einer entwaffnenden Frechheit. Sie besorgte meinen Eltern täglichen neuen, wenn auch geringen Ärger. Dass man Dinge, die fremde Wohnungen beherbergten, nicht einfach mitnehmen konnte und durfte, wollte sie nicht begreifen. Wenn Patschi etwas gefiel, ließ sie es mitgehen. Ob das ein Hut war, eine Blumenvase oder ein Fleischwolf, störte sie nicht. Ihr bedeutete es auch keine Strafe, wenn sie das Mitgenommene wieder zurückbringen musste. Dem Bestohlenen sagte sie dann etwa: »Ich darf es nicht behalten und es ist so wunderschön.« Oft kam sie mit dem Gegenstand ihrer Liebe wieder zu uns zurück und meinte vorwurfsvoll: »Frau Grambichler hat gesagt, ich soll es ruhig behalten. Da seht ihr ja, dass ich nicht gestohlen habe!« Unserer Patschi war einfach nicht beizukommen.

So, wie sie nicht verstehen konnte, dass es unantastbares Eigentum gab, hing sie selbst nicht am Besitz. Von allem konnte sie sich trennen. Sie verschenkte ihre Mütze oder Handschuhe, ihr

weniges Spielzeug und das Schreibzeug. An einem bitterkalten Wintertag kam sie völlig durchfroren aus der Schule.
»Um Gottes willen, Patschi, wo hast du denn deinen Mantel?«, fragte Mutter entsetzt.
»Den habe ich der kleinen Erika angezogen, es war ihr so schrecklich kalt.«
Mein Bruder Gustav, der in letzter Zeit stark auf männlich machte, hatte sich das Rauchen angewöhnt. Mein Vater, selbst ein starker Raucher, sah es zwar nicht gern, sagte aber nichts. Gustav rauchte Zigaretten.
»Hier, rauch eine mit!«, sagte Gustav eines Abends zu meinem Bruder Erich und hielt ihm die geöffnete Zigarettenschachtel unter die Nase. Erich sah seinen großzügigen Bruder erstaunt an; dann tippte er sich mit dem Finger an die Stirn.
Auch ich staunte über Gustavs Angebot; denn unser Erich war nicht nur in Bezug auf Politik voller Grundsätze, sondern auch als Sportler. Erst wenige Tage zuvor hatte er mich zu einem Dauerlauf von dreißig Minuten überreden wollen.
»Das ist mir viel zu lang«, wehrte ich ab.
»Du bist eben ein Schwächling. Deutschlands Jugend muss hart werden wie Stahl, zäh wie Leder und wie der Hirsch so flink!«, belehrte er mich.
»Warum?«
»Die Jugend ist die Zukunft unseres Volkes! Wir werden einmal vor großen geschichtlichen Aufgaben stehen!«
Um ganz ehrlich zu sein, was mein Bruder in letzter Zeit so zu mir sagte und die Lieder, die er mir vorsang, machten Eindruck auf mich. Erich war ein kräftiger Junge. Das mit dem Eisenhart-Werden, nahm er sehr ernst. Aus den ausgedienten Federn einer Bettmatratze hatte er sich einen Expander gebastelt. Nicht einmal Gustav konnte ihn vor der Brust und auf dem Rücken je fünfzehnmal ausziehen; das konnte nur Erich. Nicht einmal Franz, der Seemann, brachte es fertig.
Erichs Wunsch, einem Boxverein beizutreten, hatte Vater nicht stattgegeben; aber daran war unsere besorgte Mutter schuld. Erich wurde trotzdem Mitglied. Im Keller hängte er einen Sandsack zum Training auf. In Ermangelung von Boxhandschuhen

musste ich ihm alte Lappen um die Fäuste binden. Wir hatten deshalb viel Ärger mit unserer Mutter und besonders mit Annemarie und Edeltraud. Mitunter erwischte Erich hierzu noch nicht ausgediente Unterwäsche unserer Damen, die damit nicht überreichlich gesegnet waren.
»Verführ den Jungen nicht; es ist genug, wenn du die Groschen in die Luft bläst!«, tadelte unsere Mutter Gustavs Vorschlag an unseren Sportler.
»Ich wollte Erich ja nur eine Zigarette schenken, dann braucht er sie nämlich nicht mehr heimlich zu stehlen!«
»Ich? Spinnst du? Keiner von euch wird mich jemals mit so einem Sargnagel sehen!«, entrüstete sich mein sportlicher Bruder. Und er sagte die Wahrheit.
Die Blicke aller Anwesenden wechselten zu mir herüber.
»Ich war es nicht!«, wehrte ich mich augenblicklich. Und das war auch die Wahrheit.
»Na ja«, erklärte Gustav mit einer überheblichen Handbewegung, »dann muss es wohl Sophie gewesen sein oder die Heinzelmännchen.«
»Vielleicht irrst du dich, Gustav«, beruhigte Mutter. »du wirst deine Zigaretten selbst geraucht haben.«
»Nein, ich irre mich nicht! Nicht drei Tage hintereinander!«, konterte Gustav energisch.
Ich maulte kräftig. »Immer bin ich alles gewesen! Wird kein Schuldiger gefunden, wer hat es getan? Ich!«
Aufgebracht verließ ich die Familie. Ich hatte eigentlich die Absicht zu Biermanns hinüberzugehen. Doch als ich um das Hinterhaus herumging, sah ich Patschi auf den Stufen des hofseitigen Kellereingangs sitzen. Es war schon fast dunkel und kein Wetter, um mit Wohlbehagen auf einer Steintreppe im Freien die Dämmerung zu genießen. Patschi war ganz alleine. Neugierig, was sie da wohl mache, schlich ich mich näher an sie heran. Ich traute meinen Augen nicht: Patschi rauchte! Mit sichtlichem Wohlbehagen zog sie an einer Zigarette und blies mit leicht erhobenem Kopf den Rauch aus. Er quoll aus Mund und Nase. Es war bestimmt nicht das erste Mal.
Dieser Anblick meiner neunjährigen Schwester brachte mich in

Gewissenskonflikte. Wenn ich ihr Tun verriet, war ihr von Vater etwas sicher, was nicht von Pappe war. Und Patschi war so zart. Andererseits war Rauchen etwas, das in keinem Fall der Gesundheit diente. Aber was tun? Erst beherrschte mich der Gedanke meinem Vater die Arbeit abzunehmen und Patschi mit einer ordentlichen brüderlichen Abreibung abzufinden.
Da sah ich im rückwärtigen Hofteil einige Wäschestücke auf der Leine hängen, die sich leicht im Abendwind bewegten. Wie eine Eingebung überfiel es mich: Hier konnten nur übernatürliche Kräfte endgültige Abhilfe schaffen. Auf Zehenspitzen schlich ich mich zu der Wäscheleine, nahm eines der weißen Betttücher davon herunter und warf es mir über Kopf und Körper. So schlich ich mich hinter meine paffende Schwester Patschi, die eigentlich Elfriede hieß.
So tief ich es vermochte, verstellte ich meine Stimme und dumpf und drohend klang es in den abendlichen Frieden: »Der böse Geist holt dich, wenn du noch einmal rauchst! Der böse Geist – ah – oih – ah – oih!«
Meine Arme breiteten das Betttuch zu einer imponierenden Geistererscheinung aus. Schwesterchen Patschi sprang auf; kraftlos entfiel der Glimmstängel ihrer Hand. Zwei – drei Sekunden starrte sie wortlos auf das erschienene Gespenst, das langsam, Schritt für Schritt, zurückwich; selbst von schrecklicher Angst geplagt. Dann aber brüllte Patschi, brüllte viel markerschütternder und Grauen erregender, als es der stimmgewaltigste Geist jemals vermocht hätte. Dann drehte sie sich, wie von tausend Teufeln gehetzt, auf dem Absatz herum und raste durch den Keller ins Haus.
Ich konnte nur noch mein weißes Geistergewand über die Leine schmeißen und wetzte über den Hof, die Rheinstraße hinunter. Nach drei Ecken erlaubte ich mir eine Verschnaufpause. Seither habe ich meine schauspielerischen Talente nicht mehr erprobt. Unsere unkomplizierte Patschi hatte den Schock am nächsten Morgen überwunden. Die Drohung des Geistes, sie zur Hölle zu holen, falls sie noch einmal rauchte, wirkte dagegen, bis sie erwachsen war. Frau Sartorius tobte des verschmutzten Bettlakens wegen, aber der Täter meldete sich nie. Mein Bruder

Gustav hatte nie mehr Grund über geheimnisvoll verschwundene Zigaretten zu klagen.

*

3)

Prinz, der Schäferhund der alten Frau Evertz, lag japsend im Hauseingang; er erwartete Nachkommen. Die gute Frau, deren Hosengeschenk ich so schmählich missachtet hatte, war kein richtiger Mensch mehr. Nur noch mühselig bewegte sie sich mithilfe eines Stockes in ihrem kleinen Fachwerkhaus. Wenn man mit ihr reden wollte, musste man wie ein Feuerwehrhauptmann schreien. Und dann war die Antwort immer noch eine verkehrte.

Vierundachtzig Jahre war sie alt. Seit dreiundzwanzig Jahren hatte sie kein Wort mehr mit ihrer Schwiegertochter gesprochen, die im Nebenhaus wohnte. Ich glaube, ich armer Zeitungsjunge war der einzige Freund der zahnlosen Greisin. Sie erwartete mich täglich, wenn es das Wetter zuließ, auf einem Stuhl neben dem Hintereingang.

Auch an diesem Nachmittag saß sie neben der Tür. Sobald ich in ihre Nähe kam, verzog sich ihr gutes und faltenreiches Gesicht zu einem erfreuten Lächeln. Ihr dürrer Zeigefinger winkte mir näher heranzutreten. Das mit Käse belegte Brötchen, das sie mir reichte, war warm; die Butter unter der glänzenden Käsescheibe völlig zerlaufen. Ich war nicht verwöhnt; es schmeckte mir trotzdem.

»Heute will ich dir ein Geheimnis anvertrauen«, sagte die gute Alte und hielt meine Hand in der ihren. Es war richtig feierlich. Erst dachte ich, sie wollte wieder einmal ihr Leid wegen der bösen Schwiegertochter loswerden; doch das war für mich ja kein Geheimnis mehr.

»Vielleicht noch heute, spätestens aber übermorgen, bekommt der brave Prinz Kinderchen; alles liebe, kleine Schäferhunde.«

Obwohl ich in einer rauen Umgebung aufwuchs, verfügte ich über Taktgefühl. Ich verriet der Alten nicht, dass mir das schon lange klar war.

»Alles kleine Schäferhunde?«, fragte ich dreimal in Lautstärke zehn, bis sie mich verstanden hatte.
»Jaja, hoffentlich; aber ich weiß nicht genau, wer der Vater ist.«
Da fiel mir ein, dass Prinz doch eigentlich ein Name für einen Rüden war und nicht für eine Hündin.
»Ach«, sagte sie, »alle Hunde, die ich bisher hatte, hießen Prinz. Ob Männchen oder Weibchen, das war egal. Unser erster Prinz, damals lebte mein Mann noch, war ein Spitz. Ein Nachbar hat ihn erschossen, weil er schon mal seine Hühner jagte. Dann hatten wir einen Teckel und bei manchen konnte man überhaupt keine Rasse erkennen. Aber Prinz hießen sie alle.«
Ich hatte mein Brötchen verkimmelt und wollte weiterziehen. Das Ende des fünften Hundes hatte ich auch schon hinter mir.
»Warte, ich will dir noch etwas verraten. Der schönste Hund, den Prinz zur Welt bringt, gehört dir. Du darfst ihn dir selbst aussuchen.«
Oje! Ein Hund, ein eigener Hund! Mein Herz machte einen Hüpfer. Im Anschluss an diese Eröffnung vergaß ich bei vier Abonnenten die »Rhein-Post« unter die Tür zu schieben. Es passierte mir wirklich sehr selten, denn sonst hätte man mir diesen Job längst abgenommen.
Am nächsten Tag brachte Prinz fünf Junge zur Welt. Mein bei Biermanns ausgebildeter Hundeverstand sagte mir sofort, hier war auch der Vater ein Schäferhund; kein Spitz und bestimmt keine Promenadenmischung. Kopfform und Körper waren bei allen fünf Tieren gleich. Nur in der Farbe des Felles waren sie unterschiedlich. Noch entschied ich mich für keinen; erst einmal ein paar Tage abwarten.
Zu Hause erzählte ich von der Großzügigkeit der alten Frau Evertz vorerst nichts. Nicht deshalb, weil dieser Name bei Mutter unliebsame Erinnerungen an eine knallrote Samtplüschhose wachrufen könnte, sondern aus dem einfachen Grund, weil ein Hund ja etwas fressen will und muss. So ein putziges Wollknäuel, von denen nun fünf in einem ausgedienten Weidenkorb bei der alten Frau Evertz in der winzigen Fachwerkstube lagen, war eines Tages ein ausgewachsenes Hundetier und wollte satt werden. Diese Hürde galt es, zu Hause noch zu nehmen.

Erst als ich Mutter in besonders guter Laune antraf, hielt ich den Zeitpunkt für günstig meinen Hundewunsch anzubringen. Mutter lehnte jedoch ab. Wegen des Fressens und unserer Katze.
»Die Katze darf in jedem Jahr zweimal Junge ins Haus schleppen und sogar im Bett verstecken wie das letzte Mal. Aber so ein lieber, kleiner Hund, ein Männchen, der darf nicht ins Haus.«
So wehrte ich mich. Das hört sich an, als sei ich ein ausgemachter frecher Straßenjunge gewesen, selbst meinen Eltern gegenüber ohne jeden Respekt. Doch Menschen ohne Wünsche gibt es nicht; selbst der genügsamste kann nicht ohne sie auskommen. Wir Peters-Kinder hatten in unserer Jugend insgesamt bestimmt einige tausend Wünsche, die wir niemals aussprachen, weil ihre Erfüllung unmöglich war, und es waren lächerlich kleine darunter. Doch hatte einmal einer ganz von uns Besitz ergriffen, dann waren wir zäh wie persische Teppichhändler.
Sophie war auch mehr für einen Hund als für eine Katze. Unsere vornehme Edeltraud mischte sich ebenfalls ein: »Wenn es ein rassiges, gepflegtes Tier ist, kann man es zum Spaziergang mitnehmen. Frau mit gut aussehendem Hund wirkt immer!«
»Du müsstest schon mit einem Elefanten herumlaufen, um aufzufallen«, ekelte Erich, der Edeltraud nicht ausstehen konnte.
»Schluss jetzt, Manfred bringt den Hund nicht ins Haus!« Mutters Stimme hatte einen endgültigen Unterton.
»Ich darf nichts! Nur jeden Tag die Rhein-Post austragen, das darf ich!«
Dieser letzte Satz war meine große Waffe; sozusagen mein Trumpf-Ass.
»Was frisst denn so ein großer Hund alles?«, lenkte Mutter auch schon ein wenig ein.
»Für sein Fressen sorge ich schon selbst«, nahm ich den Mund voll.
»Aber zuerst muss Vater gefragt werden.«
Das war keine Hürde für mich und einen der kleinen Nachkommen von Prinz. Vater war selbst ein Hundenarr.

*

Ich deutete bereits an, dass meine vornehme Schwester Edeltraud und mein politisch-sportlich besessener Bruder Erich wie Feuer und Wasser zusammenpassten. Zur Schande unserer Familie muss ich gestehen, Edeltraud war ein dummes Mädchen. Nicht in der Art wie unsere Patschi, um deren Zukunft wir uns merkwürdigerweise alle keine Sorgen machten; auch nicht unsere Eltern. Patschi war eines jener Geschöpfe, die auf unserer Welt einfach nicht untergehen können. Aber Edeltraud. Überall eckte sie mit ihrer durch nichts begründeten Hochnäsigkeit an. Von unseren Schwestern war sie die zweitälteste. Neunzehn Jahre war sie nun und hatte noch nie etwas Vernünftiges geleistet. Einmal war sie in einem Blumengeschäft angestellt worden. Der Besitzer war ein netter Mensch. Er gab sich redlich Mühe aus Edeltraud eine gute Blumenverkäuferin zu machen. Aber woher sollte die eingebildete Gans dieses Talent nehmen. Sie brachte es fertig und fragte einen männlichen Kunden, der ihre Beratung zum Blumeneinkauf wünschte: »Ist es für die eigene Frau oder für die Freundin?«, oder: »Wenn der Hochzeitsstrauß für Sie selbst sein soll, meine Dame, dann würde ich zu weniger attraktiven Blumen raten.«
Knappe zwei Monate dauerte Edeltrauds Gastspiel in dem Blumenladen. Ein Glück für den Inhaber. Noch weitere zwei Monate und er hätte seinen geschmackvoll eingerichteten Laden schließen müssen.
In einer Fabrik, die Konservendosen herstellte, behielt man Edeltraud ganze zwei Tage. Nicht nur, dass sie sich dumm wie der erste Mensch anstellte, sondern in den sechzehn Arbeitsstunden verkrachte sie sich mit zehn oder noch mehr ihrer neuen Kolleginnen. Das, was sie wirklich konnte, war stricken, sticken und häkeln. Wurde sie von meiner Mutter nicht mit nützlicher Arbeit beschäftigt, saß sie in Fensternähe und stickte alberne Sprüche auf Tücher, die kein Mensch haben wollte. Ihre zweitliebste Beschäftigung war mit den Jüngsten unserer Familie auf dem Rheindamm auf und ab zu stolzieren. Sie gab sich dabei als Erzieherin aus, wenn sie gefragt wurde. Dabei sah jeder halbwegs vernünftige Mensch aus einer Entfernung von hundert Metern, dass es sich bei den von ihr betreuten

Kindern nicht um solche handeln konnte, deren Eltern eine Erzieherin anstellten.

Fast in jeder Woche gab es bei uns einmal »Französische Suppe«, dazu Kartoffelkuchen. Wer will ergründen, weshalb die Suppe diesen hochtrabenden Namen hatte? Sie bestand aus viel Wasser, einigen klein geschnittenen Kartoffeln, Schnittbohnen, Möhrenstückchen und Schnittlauch. Letzteren hasste ich wie die Pest und sortierte ihn vor Essensbeginn auf den Rand meines Tellers; falls Vater nicht mit am Tisch saß. An den Sonntagen und in Vaters langen Arbeitslosenperioden zirkelte ich allen Schnittlauch, der in der Suppe herumschwamm, auf meinen Löffel und schluckte ihn dann mit geschlossenen Augen auf einmal hinunter. Die Fettaugen auf der »Französischen Suppe« konnte sogar unsere Patschi zählen und die kam gerade so weit, wie sie Finger an einer Hand hatte.

Kartoffel- oder auch Pottkuchen war eine feine Sache. Zu seiner Zubereitung war der gleiche Teig nötig wie zu Reibekuchen, auch Kartoffelpuffer genannt. Satt essen konnten wir uns nie daran, denn es war bei unserer großen Familie eine beachtliche Menge Fett dazu erforderlich.

Dieses fürstliche Essen gab es wieder einmal. Mein Bruder Erich hasste nicht nur wie ich Schnittlauch, sondern die ganze »Französische Suppe«. Unsere vornehme Edeltraud trug das Essen auf und verteilte die Suppe auf die Teller. Erichs Teller füllte sie mit Absicht randvoll. Zum Essenauftragen trug Edeltraud immer eine weiße Schürze. Das heißt, immer war sie nicht ganz weiß, schon deshalb nicht, weil sie nur eine einzige weiße Schürze besaß. Damit die Schmutzflecken nicht so schnell und gut bemerkt wurden, hatte sie mit grünem, lilafarbenem, rotem und gelbem Garn den passenden Spruch »Adrett und rein – das soll dein Wahlspruch sein!« auf die untere Schürzenhälfte gestickt.

»Du Biest!«, zischte Erich, als sie den übervollen Suppenteller vor seiner Nase balancierte. »Den Trog kann leer fressen wer will!« Unser junger Nazi hatte eine Vorliebe für männlich-markige Ausdrücke.

»Französische Suppe ist gesund«, sagte Mutter. »Der Teller wird brav leer gegessen!«

Ich benutzte Erichs Meutern dazu, meinen Schnittlauch, den ich schon im Löffel gesammelt hatte, schnell in Patschis Teller zu kippen.
»Wer seine Suppe nicht isst, bekommt auch keinen Kuchen!«
Das sagte Edeltraud und unsere Mutter nickte zustimmend. Mit verbissenem Gesicht löffelte Erich langsam. Schon klirrte ein Löffel nach dem anderen, zum Zeichen des beendeten Suppenessens, auf den leeren Tellern. Nur bei Erich nicht; er hatte von seiner Suppe kaum etwas genommen. Jedes Mal, wenn Edeltraud sich am Tisch zu schaffen machte, erwähnte sie in hohen Flötentönen aufreizend: »Wer keine Suppe isst, bekommt auch keinen Kuchen!«
Mein starker Bruder Erich zerplatzte innerlich beinahe vor Wut. Edeltraud wagte dieses gefährliche Spiel nur, weil Vater am Tisch saß. Man sah den Triumph in ihrem Gesicht und aus jeder ihrer Bewegungen. Sie war dabei, die letzten leeren Suppenteller vom Tisch zu räumen. Missbilligend zog sie die Augenbrauen hoch und sah auf Erich, der mit seiner Suppe noch lange nicht fertig war.
»Nanu, da löffelt ja noch immer einer an seiner Suppe herum«, tat sie scheinheilig, um dann zu wiederholen: »Wer keine Suppe isst, bekommt auch keinen Kuchen!«
Dann machte sie vor dem Tisch eine hüftbetonte Kehrtwendung, um das Geschirr zum Spülbecken zu bringen. Mein Bruder Erich verlor seine Selbstbeherrschung. Er packte die vor ihm liegende Gabel und schmiss sie mit aller Kraft seines sportgestählten Körpers hinter seiner Schwester Edeltraud her. Den gar nicht vornehmen Aufschrei Edeltrauds übertönte der Aufschlag und das Zerdeppern von acht Tellern auf dem Boden unserer Küche. Das Wurfgeschoss steckte in Edeltrauds rechter Wade und zitterte darin wie ein Wurfspeer, der sich eben erst in die Erde gebohrt hat.
An unserer Mutter waren wir keine überschnellen Bewegungen gewöhnt, diesmal schoss sie jedoch von ihrem Stuhl. Wahrscheinlich glaubte sie in ihrer Aufregung, die Gabel in Edeltrauds rechter Wade sei glühend heiß; denn bevor sie diese herauszog, legte sie ihre Schürze um die Hand, wie sie es tat, wenn sie auf dem Herd einen heißen Topf anfasste.

Nachdem die Gabel entfernt war, musste sich Vater zuerst um seine Frau kümmern; sie war ohnmächtig. Sophie, die ihren Platz auf der langen Holzbank hatte, rutschte wie ein gefüllter Mehlsack unter den Tisch. Leichenblass und mit geschlossenen Augen lag sie da. Beim Anblick des Blutes war ihr ihre Krankenhaustätigkeit eingefallen. Um unsere sensible Sophie kümmerte sich Erich, der froh war so über die ersten Minuten nach seiner Untat zu kommen. Noch hatte unser Vater keine Zeit sich seiner entsprechend anzunehmen. Nachdem Mutter wieder normale Lebenszeichen von sich gab, stürzte unser Familienoberhaupt ins Nebenzimmer, wo auf dem Kleiderschrank unsere Hausapotheke untergebracht war. Sie bestand aus zwei mittelgroßen Medizinflaschen, deren eine essigsaure Tonerde und deren andere Jod enthielt. Vater griff nach der Jodflasche.
Edeltraud musste sich bäuchlings auf die lange Bank hinter dem Tisch legen und mein Vater goss Jod über die vier Löcher in ihrer rechten Wade. Beim Aufschrei Edeltrauds hielten wir uns die Ohren zu und die eben erwachte Sophie fiel erneut in Ohnmacht. Unser Vater, der schon die Vernichtung seiner ganzen Familie befürchtete, fragte Mutter nach einem Stück Leinen zum Verbinden der Wunde.
»Nimm, was du willst, ich weiß nicht, wo etwas ist«, antwortete meine Mutter kopflos. Diesen Rat sollte eine Frau keinem Mann in einer solchen Situation geben. Vater fiel eines der bisher noch unausgebesserten, ziemlich neuen Bettlaken in die Hände; es war später nicht mehr für seinen eigentlichen Zweck zu verwenden.
»Komm, Erich, du brauchst keine Angst zu haben. Wenn du auch deine Suppe nicht ganz aufgegessen hast, ich hab dir doch ein Stück Kuchen auf deinen Teller gelegt.«
So war unsere Patschi. Sie hatte den Tumult dazu benutzt, den Kartoffelkuchen aufzuteilen, damit das unterbrochene Mahl fortgesetzt werden konnte. Die Schnurrbartenden meines Vaters wippten. Das taten sie immer dann, wenn er das Lachen nicht verhalten konnte. Erich war damit um eine handfeste Strafe gekommen. Ich aber verwünschte Patschis Augenmaß.

Der Übeltäter Erich hatte ein doppelt so großes Stück Kartoffelkuchen auf seinem Teller liegen wie ich. Zum Glück konnte Sophie nichts mehr hinunterkriegen und ihr Stück ging in meinen Besitz über.
Mit klagender Stimme befürchtete Edeltraud: »Wenn nur meine Wade nicht lebenslang verunstaltet bleibt.«
Vater tat schweigend einen seiner berühmten, ballonfüllenden Atemzüge. Den letzten Aufschrei bei diesem Mahl voller Schrecken tat unsere Mutter beim Anblick des ruinierten Bettlakens.
Was Arbeitsstellen anbetraf, war unser Gustav ein ausgesprochener Pechvogel. Die Baufirma, in der er als Kaffeejunge untergekommen war, machte im Zuge der Zeit pleite. Unseren fleißigen Bruder traf dieses Unglück bestimmt ebenso schwer wie den Inhaber des Unternehmens.
Auch der alte Biermann hatte Schwierigkeiten. In seinen Zwingern gab es nur noch drei Hunde. Davon konnte er nicht leben und nicht sterben. Seiner Tochter Elli bekam die Not gut. Sie wurde zusehends schlanker. Auch ihre Kulleraugen traten nicht mehr so unangenehm in Erscheinung. Biermanns Gehilfe hatte sich auch von dem Hundedresseur losgesagt. Es war der Mann, auf den Biermann die Tiere hetzte, die zu scharfen Wachhunden ausgebildet werden sollten. Der arme Mensch trug bei seiner Arbeit einen Mantel aus Sackleinen, der dick mit Watte ausgepolstert war. Dieser Mantel ruinierte Ellis ganze Jugend. Es gab keinen Tag, an dem sie daran nichts auszubessern hatte. Der Gehilfe ihres Vaters reizte den festgebundenen Hund erst mit einem Stock, bis sich das Tier vor ohnmächtiger Wut nicht mehr auskannte. Dann erst machte der alte Biermann das Tier frei, das sich dann blindlings über den Übeltäter stürzte. Meist bissen sich die wütenden Hunde in der dicken Watte fest. Man kann sich leicht vorstellen, wie der Mantel an manchen Tagen aussah und welche Arbeit Elli damit hatte.
Nun hatte dieser Gehilfe Biermann verlassen. Jeder Mensch versteht, dass sich ein Mann für diese Art von Tätigkeit schwer finden lässt; besonders dann, wenn es mit klingender Münze schlecht bestellt ist. Aber da war unser arbeitsloser Gustav. Ein

paar Groschen hätte er gern verdient. Der alte Biermann wollte meinen Bruder dazu überreden, den verlassenen Posten in seiner Dressuranstalt zu übernehmen. Den sackleinenen Mantel brachte er gleich zur Anprobe mit. Aber unser Gustav biss nicht an, was ich und alle anderen gut verstanden. Meine Mutter lehnte das Angebot mit Entsetzen ab.
»Dann muss ich die Bude schließen«, resignierte Ellis Vater.
»Warum«, mischte sich unser Vater in das Gespräch, »bisher hat doch dein Geschäft seinen Mann ganz gut ernährt? Schuld hast du, Biermann! Du kannst zwar einen Hund erstklassig abrichten, aber so ein Unternehmen aufzuziehen und zu führen, das verstehst du nicht. Und in letzter Zeit kommt noch dein Saufen hinzu. Deine Zwinger reichten nicht aus, wenn du es richtig anfangen würdest. In diesem Beruf gibt es doch kaum Konkurrenz.«
»Recht hast du, Peters«, bestätigte der alte Biermann. »Ich mache dir einen Vorschlag. Was ist, wenn wir uns zusammentun? Nach Abzug aller Unkosten wird der Verdienst geteilt.«
Mein Vater warf das Ungetüm von Mantel über und meinte: »Siehst du, der passt! Die Sorge um einen neuen Mitarbeiter bist du dann auch los.«
Der Mann mit dem Hundeherzen wackelte mit dem Kopf; er konnte es nicht begreifen.
»Du willst wirklich? Ich das dein Ernst, wir beide zusammen? Mensch Peters, dann werden wir steinreiche Leute. Du bist doch ein ganz anderer Kerl wie ich. Du kannst etwas aus dem Geschäft machen. Ich kann nicht einmal eine Postkarte schreiben. Hunde dressieren, das kann ich wie kein Zweiter!«
»Mehr sollst du auch nicht. Und – tagsüber saufen, damit ist es natürlich aus! Sonst geht Peters wieder von Bord.«
»Abgemacht!« Ellis Vater weinte fast vor Freude. Die beiden gaben sich die Hand. Mein Vater, der mit seinem Schnurrbart in dem gepolsterten Sackleinenmantel wie ein Antarktisforscher aussah, grimmelte vor sich hin.
»Und nebenher will ich versuchen eine kleine Hühnerfarm aufzubauen«, sagte er, als Biermann, elastisch wie ein junger Bursche, verschwunden war. In meinen Ohren klang feierliches

Glockengeläute. Lebt wohl, mittelgroße Gurken und Salzkartoffeln. Peters werden steinreiche Leute.

*

In unserem roten und unverputzten Hinterhaus gab es eine Änderung.
Robens hießen die Nachfolger in einer frei gewordenen Wohnung. Es gab vier Kinder in der Familie und ein fünftes ließ nicht mehr lange auf sich warten. Herr Robens war ein lustiges Haus. Er war arbeitslos wie fast alle Männer im Rheinviertel. Nun, er hätte auch nicht viel für ein Unternehmen leisten können, weil er immerzu Zigaretten drehte. Seine Frau war ein kräftiger Typ. In der ersten Zeit hatte ich ein wenig Angst vor ihr. Ihre dicken Lippen hielt sie immer fest aufeinander gepresst. Das gab ihr ein mürrisches Aussehen. In Wirklichkeit war sie ein verträglicher Mensch. Nichts brachte sie aus der Ruhe. Sie war schlampig wie keine der Frauen, die ich kannte; aber es stand ihr gut.
In unserem roten Hinterhaus gab es zwar Kellerräume, aber keine Waschküche. Alle Frauen hatten bisher wohl oder übel in der Küche waschen müssen. Das war für die übrigen Familienmitglieder zwar nicht besonders genussreich, doch man war es nicht anders gewöhnt. Frau Robens löste das Problem ganz einfach. Sie stellte zwei Holzböcke in den riesigen Flur und darauf eine blau-weiße Zinkwanne. So hatte sie eine Waschküche, in der man sich gut und ungehindert bewegen konnte. Den Kessel mit kochendem Wasser musste ihr Mann aus der Küche herbeischleifen. Er nahm dabei nicht einmal die selbst gedrehte Zigarette aus dem rechten Mundwinkel, der von dieser dauerhaften Belastung einen Zug nach unten hatte. Herr Robens war ein schöner Mann; er hätte auch Rennstallbesitzer sein können und nicht Arbeitsloser und Vater von bald fünf Kindern.
Das mit der Zinkwanne machte Schule in unserem Hinterhaus. Es dauerte nicht lange, da zimmerten alle Männer an Holzböcken herum und bald standen zehn dieser Ungetüme auf unserem Flur. Auf je zweien davon stand eine Zinkwanne.
Mit den Holzböcken und Wannen war uns Kindern für die

Schlechtwettertage der Spielplatz genommen. Mich störte das weniger. Erstens hatte ich meine »Rhein-Post« und zweitens wuchs ich langsam aus der albernen Spielerei heraus. Was mich störte, war der Geruch, der sich nun in unserem Flur breit machte. Es roch immer nach Lauge und sauren Säuglingswindeln. Letzeres ist einer der ekelhaftesten Gerüche. Aber kann man das einem der süßen Säuglinge oder gar dessen Mutti sagen?

Mein Bruder Erich war nicht nur ein fanatischer Nazi und ein großartiger Sportsmann, sondern auch ein raffinierter Junge. Im Laufe des Jahres hatte ich das Pech, dass nach dem Kassieren des Bezugsgeldes für meine Zeitung die Abrechnung nicht stimmte. Es fehlten genau zwei Mark. In den drei Jahren war das einmal vorgekommen. Es gab auch kein Gezeter deshalb in meinem Elternhaus. Unterschlagen hatte ich das fehlende Geld wirklich nicht. Der Neujahrstag rückte näher. An diesem Tag ist es üblich, dass man für den Briefträger, die Männer der öffentlichen Müllabfuhr und den Zeitungsboten eine offene Hand zeigt. Das ganze Jahr über fieberte ich diesem Tag entgegen. Die Trinkgeldgroschen sortierte ich genau in zwei Hälften und in zwei Hosentaschen. Das in der linken Hosentasche war für andere tabu. Davon erfuhr kein Mensch etwas.

Wenige Tage vor dem Einkassieren des Zeitungsgeldes für den bald verflossenen Monat Dezember klemmte sich mein raffinierter Bruder Erich hinter meine leicht beeinflussbare Mutter.

»Manni (das war ich) ist doch noch ein Kind.« So etwa wird er begonnen haben.

»Unser Manni? Ja, schon, aber warum erwähnst du das?«, hat Mutter geantwortet.

»Na ja, ich meine wegen der zwei Mark, die vorigen Monat bei der Abrechnung gefehlt haben.«

»Ach, Erich, in drei Jahren, und dann zwei Mark? Nein, Manni macht das, was er tut, ganz ordentlich«, wird Mutter den ersten Stachel noch abgewehrt haben.

»Ich will meinem kleinen Bruder ja nichts, Mutter. Aber, es hätte auch mehr sein können; ein Fünfzig- oder gar ein Hundertmarkschein! Es war unser Glück, dass es diesmal nur zwei Mark

waren. Was dann, wenn es das nächste Mal hundert sind? Wir müssten sie ersetzen genau wie die zwei Mark. Die Geschäftsstelle will für jeden Abonnenten ihr Geld haben.«
»Ja, natürlich, sie will ihr Geld haben. Hundert Mark, denk nur, wovon sollten wir denn den ganzen Monat leben? Ich glaube aber, wir dürften es in Raten abtragen. Hundert Mark, die könnten wir ja nicht aufbringen.«
»Das ist es ja, Mutter! Deshalb mache ich mir ja so große Sorgen. Vielleicht ist es doch besser, wenn ich das Geld einkassiere. Manni macht das immer, während er die Zeitungen austrägt. Ich würde es am Spätnachmittag tun. Erstens trifft man in dieser Zeit fast alle Kunden zu Hause an und zweitens kann man sich genügend Zeit lassen. Man irrt sich dann nicht so leicht mit dem Herausgeben des Geldes.«
»Ich glaube wirklich, du hast Recht, Erich. Besonders in dem Rummel zwischen Weihnachten und Neujahr. In dieser Zeit soll man auch keine Wäsche auf die Leine hängen. Man sagt, es stirbt sonst einer in der Familie.«
Ich kann mir gut vorstellen, wie Erich bei diesen plötzlichen Ahnungen meiner Mutter in sich hineinfeixte.
»Es ist bestimmt besser, wenn ich diesmal kassiere.«
»Ja, ich will es auch so haben! Nein, wenn Manfred es macht, ich habe keine Ruhe. Wie gut, dass wir rechtzeitig genug daran gedacht haben, Junge.«
Beim Abendbrot hörte ich die Bescherung. Die fetten Scheine die Vaters neue Unternehmen abwerfen sollten, waren noch nicht angerollt, weshalb wir mit Bratkartoffeln und sauren Gurken zufrieden sein mussten.
Bei der Eröffnung, dass man Erich jenes neue Amt zugesprochen hatte, war ich so sprachlos, dass ich nicht darauf antworten konnte. – Ich erklärte schon, dass ich das ganze Jahr über diesen Tag sehnsüchtig erwartete. – Sonst sagte auch keiner etwas. Es interessierte die anderen wenig, wer meinen Zeitungskunden das Geld abverlangte. Ich sah in Erichs hinterhältiges Gesicht, dem er bemüht war einen Heiligenschein aufzusetzen. Im Umgang mit Geschwistern kannte ich mich aus. Was hätte es für einen Zweck gehabt, zu versuchen mich durchzusetzen? Erich

würde natürlich niemals zugeben, dass er nur diesmal kassieren wollte, um die Trinkgelder für sich einzuheimsen. Ich sagte weder Ja noch Nein zu dem fein ausgeklügelten, mühelosen Gelderwerb des harten Sportsmannes, der mein Bruder war.
Am nächsten Tag war ich auf der Geschäftsstelle, holte dort die Quittungsbelege für meine Kunden ab und kassierte bei ihnen. Bezugsgeld für einen Monat »Rhein-Post« in die rechte Hosentasche, dazu die Hälfte des erhaltenen Trinkgeldes. Die zweite Trinkgeldhälfte in die linke Hosentasche, für Manni.
Du wirst dich wundern, Bruderherz. Das wäre ja noch schöner. Lauf ich das ganze Jahr, Tag für Tag, treppauf, treppab, und der schlaue Expandermeister steckt den Lohn mitleidiger Seelen in die Tasche. Nach einigen Stunden klimperte es ganz schön in meiner linken Hosentasche und ich ließ die Groschen mit Wollust durch meine linke Hand gleiten.
Als ich fertig war, verkroch ich mich in eines unserer Zimmer, machte die Abrechnung und versteckte den Inhalt meiner linken Hosentasche in einer leeren Zigarettenschachtel, die ich in der großen Gerümpelkiste unterbrachte, die einmal im Jahr geöffnet wurde.
Meinem Bruder Erich liefen die Augen über, als ich Vater die stimmende Abrechnung präsentierte wie an jedem Monatsersten. Der unschuldige Blick, mit dem ich Erich bedachte, ließ diesen mehrmals die Farbe wechseln.
»Und da sagst du, der Junge könnte das Geld nicht richtig herausgeben!«, tadelte mein guter Vater seine Frau. Von dem abgelieferten Trinkgeld bekam ich auch mehr als sonst üblich. Wahrscheinlich wollte mich mein Vater für die angetane Schmach der vermuteten Schwachsinnigkeit entschädigen.
Wie bekannt schliefen Erich und ich in einem Bett. Jedes Mal, wenn er sich herumdrehte, trat er mich. Und er drehte sich oft an diesem Abend. Einige Male schubste er mit einem gewissen Körperteil so kräftig, dass ich Mühe hatte nicht aus dem Bett zu fallen. Aber meine gute Laune konnte er damit nicht verderben.
Doch sehr klug war ich trotzdem nicht. Für meine Verhältnisse besaß ich einen hübschen Batzen Geld. Ich erkannte plötzlich, dass Millionäre nicht nur zu beneiden sind, sondern in ewiger

Sorge um ihr Vermögen leben. Diese Sorge lässt einen nicht los und verfolgt den Besitzenden überallhin und zu jeder Stunde.
Ich hätte mir für das Geld einen Fußball kaufen können oder eine Angelrute, von der ich heimlich schon lange schwärmte. Ein paar Karl May wären noch besser gewesen oder ein Atlas, wie ihn Fritz Haberweg hatte, der in der Schule neben mir saß. Wie aber zu Hause erklären, woher.
Geld kann brennen. Selbst dann, wenn es, wie in meinem Fall, nur aus harten Münzen besteht. Es musste fort; fort auf eine Art, die kein Mensch bemerkte. Der rettende Einfall kam mir auf dem Schulrückweg. Ich ging zwischen Fritz Haberweg und Klaus Hartmann.
»War von euch schon einer auf der anderen Rheinseite, wo der Flughafen gebaut wird?«, fragte ich.
»Nein, aber es sollen bereits zwei Flugzeuge dort sein.«
»Ich hab noch niemals ein Flugzeug aus der Nähe gesehen.«
Meine Schulkameraden hatten denselben Kummer. Es gab damals noch wenige Flugzeuge und Flugpassagiere betrachtete man als kleine Helden.
»Wie wäre es, wenn wir einmal hingingen?«
»Prima! Aber vierzig Pfennig für das Fährboot und dann muss man noch ein schönes Stück mit dem Bus fahren. Zu Fuß ist es ziemlich weit.«
»Geld habe ich! Wir treffen uns um drei an der Fähre. Aber ihr dürft niemand verraten, dass ich Geld habe.«
»Ehrensache!«
Eine Stunde und fünfzig Minuten war der Rekord, den ich beim Austragen der »Rhein-Post« innehatte. Ich verbesserte ihn an diesem Nachmittag um sechs Minuten. Meine Freunde waren zur Stelle. Wir hatten Glück. Einer der großen Raddampfer bewegte rechtzeitig das Wasser des Rheines und unser kleines Fährboot schaukelte lustig auf und nieder.
An der Bushaltestelle auf der anderen Rheinseite kaufte ich drei Tafeln Schokolade und drei Apfelsinen. Klaus, der auf saure Drops versessen war, bekam auch diese. Nie würde ich einem Verschwender einen Vorwurf machen; Verschwenden können schafft eines der großartigsten Gefühle, die es gibt.

»Und eine Tüte gefüllte Bonbons bitte auch noch«, sagte ich zu der Verkäuferin.

Auf dem Flughafen war nichts, aber auch nichts zu sehen. Zwei große Hallen waren im Bau und stellenweise lagen gewaltige Erdberge auf der riesigen Wiese aufgeschüttet. Weder in der Luft noch auf der Erde bekamen wir ein Flugzeug zu Gesicht. Unser Mundvorrat ging auch zur Neige. Ein Geschäft gab es in dieser Nähe noch nicht. Lediglich eine kleine Verkaufsbude für die Arbeiter war da.

»Süßigkeiten mag ich keine mehr«, sagte Klaus, der mir reichlich verwöhnt vorkam. Ich kaufte einen halben Edamer Käse und ein Stück Kalbsleberwurst. Dann fragte ich den Budenbesitzer, ob er Kakao habe.

»Hier wird zum Trinken nur Bier verlangt«, sagte er.

»Mein Vater trinkt zu Käse immer Bier. Das schmeckt prima!«

»Drei Flaschen Bier!«, befahl ich.

Wir aßen Käse und Wurst; tapfer tranken wir unser Bier aus der Flasche. Der Budenbesitzer betrachtete uns misstrauisch.

»Hast du schon einmal geraucht?«, fragte mich Fritz Haberweg.

»Ja, aber das hat mir nicht gut gefallen.«

»Dann hast du die falschen Zigaretten erwischt. Mein Bruder raucht nur türkische; die schmecken, kann ich dir sagen. Ich klaue ihm fast jeden Tag eine.«

Mir fiel meine Schwester Patschi ein. Doch dann erstand ich zehn Zigaretten der vorgeschlagenen Sorte und eine Schachtel Streichhölzer. Die Geldmünzen in meiner Hosentasche schmolzen dahin.

»Mir kann es wurscht sein«, meinte der Budenbesitzer und legte das Verlangte vor mich hin. Wir verkrochen uns hinter einen der aufgeworfenen Erdberge und pafften wie die Schlote.

»Das ist eine Zigarette, was?«, lobte Fritz. Wir gaben keine Antwort und zogen mit Todesverachtung weiter an unseren türkischen Glimmstängeln.

Fritz, der Anstifter, lehnte bereits die zweite Zigarette ab.

»Du rauchst weiter! Glaubst du, ich rauche alle allein?«

Schließlich hatte ich für jeden drei gekauft und eine darüber. Das wäre erst was, meine Verschwendungssucht so zu miss-

achten. Wir beeilten uns die drei Zigaretten hinter uns zu bringen.
Schon im Bus, während der Rückfahrt, wurde Fritz Haberweg merkwürdig still. Auch mir war es nicht besonders wohl zu Mute. Auf der Rheinfähre hatten wir auch diesmal Glück. Wieder kam ein dicker Kahn und schaufelte Wellen. Unser Pott kam richtig mit der Breitseite herein. Aber es war kein wahres Glück. Uns dreien wurde es hundemiserabel. Fritz war grün in seinem dicken und sommersprossigen Gesicht. Wir waren froh, als die Fähre endlich auf unserer Seite anlegte, und wankten über die kurze Anlegebrücke zum Rheindamm hinauf.
»Hast du noch Geld?«, wollte Fritz wissen.
»Ja, aber nicht mehr sehr viel.«
»Kauf doch eine Flasche Limonade; mir ist so schlecht.«
Ich überschlug den Inhalt meiner linken Hosentasche. Es reichte noch!
»Dreimal Limo!« Ans Bestellen hatte ich mich inzwischen gewöhnt. Die Limonade bestand aus Wasser und viel Zucker. Es wurde uns nicht viel besser davon; im Gegenteil. Meine ungebildeten Freunde verschwanden plötzlich ohne Dank und Abschied. Ich lenkte meine Schritte zu unserem roten und unverputzten Hinterhaus. Die schöne Stimmung zu Beginn des Ausflugs war zum Teufel.
»Was ist?«, fragte Mutter, als ich zur Tür hereinkam.
»Hat dir einer was getan?«
»Mir? Mir ist nichts und wer soll mir was getan haben?«
»Du siehst aber so komisch aus.«
Essen konnte ich an diesem Abend nichts mehr. Die Stullen auf dem Tisch waren mit Kunsthonig belegt. Der hätte mir noch gefehlt.
Fritz Haberweg saß am nächsten Vormittag nicht neben mir in der Schulbank. In der großen Pause raunte es um mich herum. Ein Teil meiner Schulkameraden umschlich mich wie die Katze den ewig heißen Brei.
»Wie viel Geld hast du denn unterschlagen?«, fragte mich einer.
Zu seinem Glück kam ein anderer Junge und holte mich zum Rektor. Im Rektorzimmer saß Fritz Haberwegs Mutter mit der

dicken Brille, hinter der man die Augen nicht beobachten konnte. Da wusste ich alles!

Als ich aber nun hörte, was wir alles angestellt haben sollten, drohten mir die Füße fortzugehen. Auch angeklagten Schulkindern sollten die Lehrpersonen einen Stuhl anbieten. In aussichtslosen Situationen bekannte ich immer Farbe. Nicht, weil ich besonders ehrlich oder aufrichtig war. Es geschah rein aus Erfahrung, besonders mit meinem Vater. Bei Ehrlichkeit gab es bei ihm immer mildernde Umstände. Die Herkunft des Geldes erklärte ich halb wahrheitsgemäß mit erhaltenen Trinkgeldern. Es verlief alles glimpflich. Mein Vater stellte später keine genauen Berechnungen über die verschwendete Summe an und so kam auf die unterschlagene Trinkgeldhälfte nicht die Rede. Er nannte mich ein Riesenkamel und ich musste ihm mit Überzeugung Recht geben.

Als Fritz Haberweg wieder zur Schule kam, lehnte ich es ab, weiterhin neben ihm in der Bank zu sitzen. Der alte Weck wollte mich dazu zwingen, aber ich weigerte mich hartnäckig. Er ließ mich den ganzen Vormittag neben der Tür stehen und kümmerte sich nicht um mich. Eigentlich hätte man ihm deswegen einen Teil seines Gehaltes einbehalten müssen; schließlich wurde er ja auch für mich bezahlt. Am nächsten Morgen wies er mir einen neuen Platz an. Hartnäckigkeit bezwingt schließlich den stärksten Gegner.

*

Mein Schwager Bernd war ein feiner Mann geworden. Er nannte sich jetzt Vertreter. Was er sich vorerst vertrat, waren die Sohlen und Absätze seiner Schuhe. Er vertrat alles: Versicherungen zu Lebzeiten und nach dem Tod, gegen Unfall und Wasserrohrbruch, er nahm Aufträge entgegen für Vergrößerungen von Familienbildern und deren Einrahmung; man konnte Haushaltungsgegenstände bei ihm bestellen und echten Bienenhonig, Damenwäsche und Möbelpolitur. Er pries Erfindungen an, die keine waren, und Sicherheitsschlösser, die keine Sicherheit gaben.

Zu diesem neuen Start hatte mein Schwager kein großes Betriebskapital notwendig. Seine einzige Anschaffung war eine eindrucksvolle Ledertasche mit drei abgeteilten Fächern – für die damalige Zeit ein unerhörter Luxus. Meine Schwester musste ihm allabendlich die Hosen aufbügeln und mit besonderer Akkuratesse die Schuhe putzen. Letzteres schon deshalb, weil auch Schuhcreme auf seiner langen Liste stand. Zweimal wöchentlich zog Bernd ein frisches Hemd an und wehe meiner Schwester Annemarie, wenn der Kragen ein Bügelfältchen oder Schlimmeres aufwies. In Bernds Westentasche steckte nun immer ein kleines Etui, in dem er unhandliche kleine Geräte aufbewahrte, die angeblich dazu dienten, auch außerhalb des Hauses die Fingernägel zu stutzen und zu reinigen. Ihn unrasiert anzutreffen war völlig unmöglich. Sogar seine Aussprache wurde in dem neuen Beruf gepflegter.

Und das Unternehmen, in das mein Vater eingestiegen war, blühte. Die Zwinger in Biermanns Hof waren fast dauernd belegt. Die Werbung, die mein Vater für das Geschäft machte, war von ganz neuen Methoden untermauert und musste zum Ziel führen. Er muss wohl vom Stadtamt eine Liste der Hundesteuer zahlenden Bürger erhalten haben, denn schon bald kannte er alle Hundebesitzer unserer Stadt. Er beging nun nicht den Fehler und schrieb diesen Leuten einen hochtrabenden Brief über die Leistungen der Anstalt, nein, das tat mein Vater nicht. Mit dem ihm eigenen Spürsinn fand er bald heraus, wo diese Hundebesitzer ihren Dämmer- oder sonntäglichen Frühschoppen einnahmen. Hier, bei einem kühlen Blonden oder einem scharfen Schnaps, ließ sich gut über Hunde sprechen und die Notwendigkeit ein so wertvolles Tier durch eine fachmännische Ausbildung dem Menschen noch nützlicher zu machen.

Mein Vater schlug damit zwei Fliegen auf einmal. Dadurch, dass er dem alten Biermann Arbeit verschaffte, gewöhnte sich dieser das Wirtshauslaufen ab und er selbst konnte seine Ausgaben für Getränke ohne Gewissensbisse auf Geschäftsunkosten verbuchen. Der Aufbau der geplanten Hühnerfarm machte dagegen nur unmerklich Fortschritte. Einzig ein passendes Gelände hatte Vater hierfür gemietet. Zehn zur Einzäunung angeschaffte Ma-

schendrahtrollen mit den dazugehörenden Eisenpfählen waren bereits geliefert, wenn auch noch nicht bezahlt. Durch Vaters oft langwierige geschäftliche Verhandlungen in sämtlichen Gaststätten unserer Stadt kam er nicht dazu, mit der Einfriedung des Hühnerfarmgeländes zu beginnen. Das Material lag schon ganze drei Wochen auf dem jedem zugänglichen Gelände. Eines Morgens war alles verschwunden. Unser Vater war eben nicht der Einzige, der eine Hühnerfarm einrichten wollte. »Solche Rückschläge muss man in Kauf nehmen«, tröstete er unsere Mutter. »Wer Rückschläge nicht überwinden kann, soll die Finger von geschäftlichen Dingen lassen.«
Die undressierten Hunde in der Industriestadt am Rhein nahmen schnell ab. Vaters Werbegespräche wurden deshalb hartnäckiger und dehnten sich länger aus. Die Unkosten in den Kneipen stiegen. Die von Vater, unter Einfluss geistiger Getränke, vereinbarten Dressurkosten waren mitunter gerade so hoch, dass sie die Futterkosten für die Tiere deckten.
»Hin und wieder müssen wir auch einmal ein preislich großartiges Angebot machen. Das spricht sich herum und ist im Endeffekt ein noch besserer Verdienst«, beteuerte er dem ihm völlig ergebenen Biermann, der von früh bis spät auf den Rheinwiesen Hunde abrichtete und jeglichem Alkoholgenuss entsagte. Die Schwierigkeit des fleißigen Alten bestand einzig und allein darin, von Fall zu Fall einen Mann zu finden, der bereit war den wattegefütterten Sackleinenmantel anzuziehen; denn es hatte sich herausgestellt, dass dieser meinem Vater doch nicht sonderlich passte. Zu Vaters Ehre sei gesagt, das Geschäft warf etwas ab. Mutter war mit ihrem Wirtschaftsgeld zufrieden. Natürlich muss man dabei berücksichtigen, dass ein Grad von Zufriedenheit bei unserer Mutter und uns sehr schnell erreicht war. Trotzdem gefiel Mutter das alles nicht. Sie sprach es fast täglich aus.
»Nein«, sagte sie, »was unser Vater da mit dem alten Biermann treibt, ich weiß nicht. Das kann auf die Dauer nicht gut gehen! Eines Tages werden wir nichts zu reißen und zu beißen haben!«
Wir schlugen Mutters böse Ahnungen alle in den Wind. Unser

Vater war ganz groß im Kommen. Das war unsere feste Überzeugung.

Doch es dauerte nicht lange, da wurden die Ahnungen unserer Mutter zur bitteren Wirklichkeit.

In aller Herrgottsfrühe überfiel uns der alte Biermann. Sein Gesicht sah aus, als stünde der Weltuntergang bevor. Es dauerte eine ganze Weile, bis er seine Schreckensbotschaft herausgebracht hatte, so verstört war er. Drei der Hunde lagen tot in ihren Zwingern. Der später herbeigerufene Tierarzt ließ keinen Zweifel über die Todesursache offen. Die armen Tiere waren vergiftet worden.

Wie den Übeltäter feststellen? Es gab in der Nachbarschaft eine ganze Anzahl von Menschen, die sich über den Lärm, den dieses Gewerbe mit sich bringt, seit Jahren ärgerten. Es gab Zeiten, in denen die Zwinger bis zu zehn Hunde beherbergten. Besonders zu den Fütterungszeiten hatte man oft den Eindruck ein Rudel Wölfe jage um das Haus. Zwei der getöteten Tiere waren besonders wertvoll.

Nun stellte sich für unsere Familie etwas heraus, was auf böse Zeiten schließen ließ. Die Besitzer der Tiere verlangten selbstverständlich Schadensersatz. Hätte mein Vater wie der geschäftsuntüchtige Biermann gehandelt und wie dieser die Tiere jeweils versichert, wäre finanziell alles in Ordnung gewesen. Aber Vater wollte die Versicherungsgebühren sparen. Es waren keine Millionen, die nun aufzubringen waren, aber eine Summe, die weder der alte Biermann noch mein Vater so einfach auf den Tisch legen konnten. Diesmal kam es zwischen den beiden Geschäftspartnern zu einer Auseinandersetzung. Dabei fiel uns erstmalig auf, wie gut sich Elli Biermann und mein Bruder Gustav neuerdings verstanden. Beide suchten so gut wie möglich zu vermitteln und ein Streit zwischen unseren beiden Familien kam deshalb nicht zu Stande.

Das Unglück in den Hundezwingern sprach sich bald herum. In den darauf folgenden Tagen holte ein Hundebesitzer nach dem anderen sein Tier ab. Das Unternehmen war pleite.

Mit meinen Augen stimmte etwas nicht. Ich ging mächtig auf vierzehn Lebensjahre zu. Wenn Elli Biermann in meiner Nähe

war, sah ich auf ihren Mund und ihre Brüste und bedauerte, dass sie sich in letzter Zeit viel mehr mit unserem Gustav abgab als mit mir. Ja, ich schlug ihr sogar vor das Spiel mit dem Zwirnfaden zu wiederholen, aber sie antwortete: »Rede nicht so einen Quatsch! Ich weiß überhaupt nicht, was du willst.«
Solch eine Abfuhr ist bitter. Und mit Gustav hatte sie auch darüber gesprochen. Warum hätte er sonst zu mir gesagt: »Wenn Elli Biermann einmal einen Spaß mit dir gemacht hat, so ist das ja weiter nicht schlimm. Aber jetzt lass das Mädchen gefälligst in Ruhe, du dummer Junge!«
Gustav mochte ich immer sehr gern, aber dass er mich so abkanzelte, ärgerte mich nicht nur, sondern tat mir auch weh. Was konnte ich dafür, dass ich plötzlich an Elli Biermann keine vorstehenden Zähne, Kulleraugen und übermäßige Fettleibigkeit mehr entdeckte. Deshalb meine Befürchtung, mit meinen Augen sei etwas nicht ganz in Ordnung. Überhaupt war so vieles anders geworden. Wie oft hatte ich mich mit den Mädchen aus unserem Viertel herumgebalgt und auf den Wiesen am Rhein gekullert. Doch nun fühlten sie sich plötzlich ganz anders an, und wenn ich sie berührte, erschrak ich richtig. In unserer Küche wurde es mir oft zu eng und ich rannte hinaus bis zum Rheindamm. Wenn es regnete und mich ein kalter Wind vom Wasser her ansprang, besonders gern. In mir ging etwas vor, vor dem ich mitunter Angst hatte, aber ich wusste nicht genau, was es eigentlich war und woher es kam.
Es war in dieser Zeit gut, dass ich meinen Roland hatte. Richtig, das habe ich bisher verschwiegen. Die alte Frau Evertz war gestorben, kurz nachdem ich mir den schönsten Hund des Wurfes von Prinz – eigentlich müsste ich Prinzessin sagen – ausgesucht hatte.
Nie hat es einen schöneren und treueren Hund gegeben. Beine und Bauch waren gelbbraun, sein Rücken grau; mitunter schimmerte er silbrig. Er war drei Wochen alt, als ich ihn seiner Mutter fortnahm. Es war noch etwas sehr früh, aber die gute Frau Evertz hatte man zum Sterben in ein Krankenhaus geschafft; sie konnte ihre geliebten Hunde nicht mehr betreuen. Das heimelige Fachwerkhaus hatte die Schwiegertochter, mit der die gutmütige

Alte dreiundzwanzig Jahre nicht mehr gesprochen hatte, sofort nach dem Tod der Besitzerin an einen Nachbarn verkauft, der es zu einer Schusterwerkstatt degradierte.

Den Namen Roland hatte ich meinem Hund gegeben. Ich war überzeugt, dass es ein starkes und mutiges Tier werden würde. Dass mein Hund auch den Tod in der Blüte seiner Jahre mit dem heldenhaften Neffen Karls des Großen gemeinsam haben sollte, ahnte ich zu diesem Zeitpunkt noch nicht.

Roland gedieh prächtig. Ich widmete ihm jede freie Minute. Mit der Katze gab es keine großen Schwierigkeiten. Vielleicht rührte das daher, dass Hunde für sie ein vertrauter Anblick waren, schon durch die biermannschen Zwinger, die nun allerdings verwaist waren. In den ersten Wochen hatte meine Mutter nichts dagegen, wenn sich Roland in der Küche aufhielt. Doch je größer er wurde, desto öfter erklärte sie mir, Roland sei kein erbetener Gast in ihrem Reich.

Mein Vater war mit Eifer dabei, die Hühnerfarm zu entwickeln. Geld für eine nochmalige Anschaffung von Maschendraht und Eisenpfosten war nicht da. Um nicht nur Pacht für das gemietete Grundstück auszugeben, ging Vater daran, hier einen Nutzgarten anzulegen. Es ging ihm so schnell von der Hand, als habe er immer in der Landwirtschaft gelebt und darin gearbeitet. Auch was er anpflanzte, gedieh großartig. Selbst Grünzeug für die Suppe und Gurken, was ich nicht so sehr begrüßte. Der Schritt zur Hühnerfarm bestand vorerst aus drei Hennen, die auf dem Hof hinter unserem roten Hinterhaus einzogen. Ein Stall für die Tiere stand noch von unserem Vorgänger dort.

Die ewige Meckerei meiner Mutter, Rolands wegen, wurde mir eines Tages zu viel. Ich gab mich daran und zimmerte für meinen vierbeinigen Freund eine Hütte, die ihren Platz neben dem Hinterhaus bekam. Es war eine schwere Arbeit; besonders die Anfertigung des Dachstuhls. Über meinen Vater ärgerte ich mich dabei sehr. Er half mir nicht einmal.

»Ein Junge in deinem Alter muss das allein können!«, sagte er. Aber es ist nicht einfach, eine Hundehütte bauen, wenn man keinen Pfennig Geld dafür ausgeben darf und kann. Nicht einmal für Nägel. Krumme und verrostete lagen genug in meines Vaters

Werkzeugkiste. Rolands Hütte wurde kein großartiges Bauwerk; aber meinem Hund genügte sie. Eine Kette, um Roland an seiner Bleibe zu befestigen, schenkte mir der alte Biermann, der mit unserer Familie wieder ganz gut war. Diese Aussöhnung war das Verdienst meines ältesten Bruders. Gustav hatte in der Fabrik einen guten und festen Arbeitsplatz gefunden. In der ganzen Straße beneidete man ihn darum. Mein Bruder hatte es aber auch verdient.

»Du wirst es erleben, unser Gustav heiratet diesen rothaarigen Besen des alten Biermann.« So sagte Erich zu mir.

»Dann lass ihn doch. Elli ist ein ganz hübsches Mädchen geworden. Und so rot ist sie auch wieder nicht, wie alle sagen. Von Mädchen verstehst du sowieso nichts!« Das antwortete ich meinem Bruder Erich, der immer nur das für gut und richtig hielt, was er selbst tat und sagte.

»Blöder Dreckspatz!«, schrie er mich an. Diese Kränkung veranlasste mich seinen selbst gebastelten Expander zu ruinieren. Wie hätte ich mir sonst helfen sollen? Erich war bärenstark, aber ich war kein Dreckspatz mehr. Im Gegenteil. Meine Mutter musste mich nicht mehr ermahnen die Fingernägel zu säubern, Hals und Ohren zu waschen, die Haare anständig zu kämmen und zum Schnäuzen ein Taschentuch zu benutzen. Jetzt bekam sie den Lohn für die ewigen Ermahnungen auf dem Sektor Reinlichkeit. Nicht nur, dass ich nun alles angeblich übertrieb, stundenlang in den Spiegel schaute, ein Schuhcremeverschwender war und so weiter, es geschah auch, dass ich wegen meiner Bekleidung meuterte.

»Kein Junge muss so herumlaufen wie ich! Nichts als alte, abgetragene Klamotten habe ich am Leib. Noch nie habe ich eine neue Hose besessen! Ich muss mich überall schämen!«

Ich konnte ein boshaftes Ekel sein, wenn es um dieses Thema ging. War ich nur mit Jungs zusammen, störte mich ein geflickter und zu enger Rock nicht, tauchte aber ein Mädchen in der Nähe auf, schämte ich mich entsetzlich. Eine solche grundsätzliche Änderung im Charakter eines Menschen hätte ich vorher nicht für möglich gehalten.

Ich weiß nicht mehr genau, waren es Monate oder nur Wochen,

in denen ich sehr darunter litt, einer so armen Familie anzugehören. Womit sollte ich den gleichaltrigen Mädchen im Rheinviertel imponieren? Ich hatte das Gefühl, sie wollten alle nicht viel von mir wissen. Nun, ich habe in dieser Zeit auch alles falsch gemacht. Anstatt meine schon so oft im täglichen Leben bewiesene Diplomatie auch im Umgang mit ihnen anzuwenden, versuchte ich hinter rauen Jungensitten und Großmauligkeit meine Unsicherheit zu verbergen. Halbwüchsige Mädchen sind halbwüchsigen Jungs meilenweit voraus. Es kam so weit, dass die kleinen Biester, deren Gesellschaft ich suchte, seit die unbegreifliche Änderung in mir vorgegangen war, mich nicht mehr leiden mochten.

Ein bitteres Los. Mein treuer Freund Roland half mir über viele dieser Stunden, in denen ich mir wie ein Ausgestoßener vorkam. Mein Hund muss wohl gespürt haben, wie sehr ich ihn brauchte. So ganz wie ein richtiger Schäferhund sah er nicht mehr aus, seit er völlig erwachsen war. Erich behauptete jeder gewöhnliche Karrenhund sei schöner. Der alte Biermann meinte, auf Rolands Ahnentafel müsse unter anderem auch ein Bernhardiner stehen, denn nur so erkläre sich das breite Kreuz meines Hundes. War ich in der Schule, führte mein vierbeiniger Freund das eintönige Leben eines Kettenhundes. Es mag ihm schwer genug gefallen sein, aber es ging nicht anders. Roland folgte nur mir aufs Wort. Kam ich aus der Schule zurück, dann bellte er bereits, wenn ich in der Nähe des unverputzten Hinterhauses aufkreuzte. Er riss und zerrte an seiner Kette und bellte, dass man ihn auf der gegenüberliegenden Rheinseite hören konnte. Dabei war es völlig unmöglich für ihn, mich schon zu sehen. Selbst der Hundekenner Biermann konnte das nicht begreifen. Am Nachmittag gab es für Roland kein Kettenhundedasein mehr. Er wetzte mit mir durch die Straßen unserer Stadt. Geduldig wartete er vor den Häusern, wenn ich darin verschwunden war. Meine Zeitungstasche stellte ich fortab auf den Bürgersteig. Was sollte ich sie noch drei oder vier Stockwerke hochschleppen. Der war noch nicht geboren, der sich näher als einen Meter an meine Tasche heranwagte. Dazu hatte ich Roland nicht zu dressieren brauchen wie der alte Biermann, mit Schelte, Schlägen und

Nagelhalsband. Für Roland war es eine selbstverständliche Freundespflicht. War meine Beschäftigung mit der Zeitung beendet, begann für meinen Hund und für mich der schönste Teil des Tages. Wir strolchten am Rhein umher, in den weiten Wiesen, Obstgärten und Feldern. Für Roland verzichtete ich selbst auf den geliebten Fußball.
Ein einziges Mal nur war ich ihm so etwas wie böse. Ich wollte mit meinem Hund ein wenig angeben. Die feinen Leute, die am Sonntag einen Stadtbummel machten, führten ihren Hund an schönen roten und grünen Lederleinen mit dazugehörendem Halsband. Zu meinen langjährigen Zeitungskunden gehörte auch ein Sattler. Ich sprach mit ihm und er machte mir sein Angebot, natürlich eine erstklassige Handarbeit zu einem Sonderpreis, weil ich es war. Zwei Monate hindurch steckte ich von dem erhaltenen Trinkgeld mehr als fünfzig Prozent in meine linke Hosentasche. Keinen Pfennig davon gab ich für unnützen Kram aus. Ein leuchtend rotes Halsband bekam ich und eine Leine aus festem, gutem Leder, wie mir der Sattler versicherte. Mit der Leine war ich nicht so ganz zufrieden. Ich hätte sie lieber in der gleichen Farbe wie das Halsband gehabt. Eine richtige Farbe hatte sie nicht; es erinnerte eigentlich nur an eine Speckschwarte. Das Unauffällige sei eben das Eleganteste, wusste mir mein Sattler zu erklären.
Bei der Vorführung vor der Rheinstraßen-Damenwelt gab es fast ein Unglück.
»Willst du aus deinem Rattenfänger einen Modehund machen?«, sagte die flachsblonde Christine, die mir deshalb nicht gut gesinnt war, weil ich sie wenige Tage vorher mit einem Dromedar verglichen hatte, obwohl ich in meinem Innern sehr von ihr angetan war.
»Zu einem pechschwarzen, schicken Pudel passt ein rotes Halsband, dein Straßenköter bleibt besser an der Kette!«, meinte Else, das Walross aus dem letzten Haus unserer Straße. Dann wollten sich die Gören halb totlachen. Ich kochte vor Wut und mein vierbeiniger Begleiter schaute unwillig von einem zum anderen. Dann sah er aus schief gehaltenem Kopf zu mir hinauf, als wollte er sagen: »Wie lange willst du dir diese Frechheiten

noch bieten lassen? Ich warte schon ungeduldig auf eine kleine Ermunterung.«

»Hau ab mit deinem Mondkalb!«, wollte mein Freund Fritz mich endgültig bei den Mädchen ausstechen und gab mir einen Schubs an die Brust. Da hatte ihn Roland am Rockärmel. Alles flüchtete und Fritz brüllte. Zu gern hätte ich meinen Vierbeiner noch etwas aufgestachelt, schließlich hatte er die größeren Beleidigungen einstecken müssen.

Aber das war es nicht, weshalb ich meinem Hund böse war. Seine neue Leine muss aus ziemlich frischem Leder gewesen sein. Das Schwein, aus dessen Schwarte sie hergestellt war, hatte bestimmt noch nicht lange das Zeitliche gesegnet. Beim Kauf glaubte ich nämlich noch die letzten, nicht ganz ausgedörrten Speckreste daran zu erkennen. Gleich nach der vorhin erwähnten Vorstellung befestigte ich Roland mittels seiner neuen Leine an der Hütte. Ich wollte nur schnell in die Küche, um mich vor dem beabsichtigten vornehmen Stadtbummel mit Roland noch etwas zu stärken.

Mit dem letzten Bissen im Mund kam ich auf den Hof zurück. Fast wäre mir dieser Bissen im Hals stecken geblieben. Mein braver Hund war gerade dabei, auch die zweite Hälfte der neuen Leine aufzufressen. Da war ich böse. Geschlagen habe ich ihn nicht; aber bis zum nächsten Mittag kam er nicht von seiner Kette los.

*

Bei der Familie Sartorius musste es auch schlecht bestellt sein; mit den Finanzen. Eines ihrer Zimmer gaben sie an einen Untermieter ab. Er stammte aus einem der kargsten Gebiete unseres Landes, der Hocheifel. Jung war er nicht mehr, so an die vierzig; aber noch unverheiratet. Mein Vater kannte ihn schon länger. Beide hatten einmal zusammen gearbeitet. Sein Vorname war Florian. Florian stotterte entsetzlich. Nicht ein einziges Wort brachte er ohne dieses Übel heraus. Ich fand den Namen Florian lustig; seinen Träger dagegen nicht.

Der Untermieter der Familie Sartorius war ein Riese von Gestalt.

Von seiner Arbeitskraft wusste mein Vater märchenhafte Geschichten zu erzählen. Ob Florian saß, ging oder stand, immer musste ich denken: Wenn du nur so ein kräftiger Bursche würdest! Hier lag nämlich mein größter Kummer. Ich war von meinen Schulkameraden immer einer der größten. Bis zu etwa zwölf Jahren stand ich keinem in Kraft und Ausdauer nach. Dann aber überflügelte mich einer nach dem anderen. Dabei aß ich außer Grünzeug in der Suppe alles. Doch an meinem Körper entwickelten sich keine Muskelpakete. Gibt es einen Jungen, den das nicht tief bekümmert? Mit Florian, den mein Vater wegen des Sprachfehlers einen armen Teufel nannte, hätte ich gern getauscht. Seine Muskeln gegen mein Sprachwerk. Dass der Riese Florian den gleichen Wunsch hatte, wusste ich nicht; hätte es damals auch nicht begreifen können.
Franz, der Seemann, war Vater geworden.
»Frau Steinmann hat heute Nacht ein Töchterchen bekommen!«, sagte unsere Mutter. Nach drei oder vier Tagen durften meine neugierigen Schwestern die neue Erdenbürgerin besichtigen. Herr Steinmann selbst lud sie dazu ein.
»Komm, Manni, du willst mein Töchterchen doch auch kennen lernen«, forderte er mich auf.
Meine Schwestern hätte ich am liebsten abwechselnd in den Magen geboxt. Hat ein Mensch jemals so etwas Verlogenes gesehen und gehört? Und sogar Sophie, die so fromm sein wollte. Scheinheilig war sie, weiter nichts.
»So ein schönes Kind!«
»Zum Küssen süß!« Die alberne Edeltraud.
»Die Kleine wird noch viel schöner als Ihre Frau!«
In dieser Form steigerten sich meine verlogenen Schwestern minutenlang. Nur Patschi sagte leise: »Wie klein und arm! Hoffentlich kommt es durch.«
Aber ihre Befürchtung ging im Strudel der Entzückungsschreie ihrer ältesten Schwestern unter.
»Die pechschwarzen Haare sind ein Gedicht! So lang sind sie, dass man schon ein Schleifchen hineinbinden könnte!«
Als Edeltraud diesen Ausspruch tat, glich ihr Gesicht einem geplatzten Pfannkuchen. Mit diesem Weib hatte Gott unsere

Familie direkt bestraft. Stumm bleiben bei so viel Lügen ist nicht einfach.
»Und du, Manni, was sagst du zu meinem süßen Leckerchen?«
Das wollte ein Seemann gewesen sein. Aber Herr Steinmann war mein Freund. Er hatte mir das Schachspielen beigebracht und ich war der einzige Mensch, der ohne seine Begleitung seinen Taubenschlag betreten durfte. Und nun sollte auch ich ihn belügen? Einen Freund belügt man nicht! Auch nicht einen in einem unverputzten Hinterhaus. Da vielleicht am wenigsten.
Unsere viel geschmähte Patschi rettete mich aus dieser Gewissensnot.
»Wenn Kinder auf die Welt kommen, sagt man immer, es seien noch Engelchen. Aber das sieht mehr wie ein kleines Teufelchen aus.«
Meine Schwestern erstarrten bei dieser Wahrheit wie zu Felsbrocken verwünschte Hexen. Mein Freund Franz lachte, als sei dies das bisher beste Kompliment für sein Erstgeborenes. Er riss die Tür zum Nebenzimmer auf, in dem die schwarze Polin im Wochenbett lag.
»Patschi hat gesagt, ein Teufelchen! Ein kleiner, schwarzer Satan wie du! Hab ich das nicht sofort gesagt!«
Es reichte mir endgültig und ich verdrückte mich. Nichts als ein faustgroßes, gelbes Etwas hatte ich gesehen, mit kleinen, nassschwarzen Augen, zerknitterter Haut und strähnig schwarzen Haaren. Franz, mein Freund, möge es mir verzeihen, ich musste an meines Vaters Ratten denken und an kleine Affen.

*

8)

Meinen Bruder Gustav fraß der Geiz auf. Um zwei Pfennige feilschte er herum. Eine Eigenschaft, die nie ein Mensch an ihm bemerkt hatte.
»Daran ist doch nur die rote Ziege schuld. Sogar das Rauchen hat sie ihm verboten!«, sagte mir Erich. »Nie in meinem Leben lasse ich mich so von einem Weib unterjochen! Das wollen Männer sein? Armleuchter sind das!« Erich benutzte zu dieser Feststellung allerdings ein weniger druckreifes Wort.

Meine Mutter freute sich über ihres Sohnes Gustav neue Eigenschaft.
»Die zwei werden es einmal zu etwas bringen«, sagte sie bei jeder Gelegenheit.
Doch Gustavs Geiz setzte uns alle nicht so in Erstaunen wie ein anderes Ereignis. Es betraf unsere überspannte Edeltraud. Übrigens war ihre Wade nach wenigen Tagen wieder in Ordnung.
»Dummheit hat gesundes Heilfleisch!«, äußerte mein Vater dazu. Dieser Ausspruch ließ mich erstmalig an Vaters Unfehlbarkeit zweifeln; denn bei mir heilte alles noch viel schneller und irgendwo war ich immer ramponiert.
Hielt doch eines Tages ein rotes Auto vor unserer Tür. Wer besaß Anfang der dreißiger Jahre schon ein Auto? Vorne und hinten lief es spitz zu, fast wie ein Paddelboot. Wassersport war Erichs neuester Vogel; außerdem hatte er sich bei der Marine beworben. Als Maschinenschlosser habe er da gute Aussichten, behauptete er. Deutschland hatte damals zwar nur eine kleine Marine, von der mein Vater allerdings sagte, sie sei ihm noch viel zu groß und koste völlig unnötig seine Steuergroschen. So geschwollen brauchte mein Vater in diesem Fall nicht daherzureden, bei seiner ewigen Arbeitslosigkeit.
»Auf dem Meer liegt Deutschlands Zukunft!«, erklärte Erich, ohne zu bedenken, wie leicht auf dem Meer etwas untergehen kann. Ich verstand sowieso nicht, weshalb sie ausgerechnet da liegen sollte, Deutschlands Zukunft.
»Das ist ein Sportwagen, der kostet eine schöne Stange Geld«, sagte einer der Jungs neben mir, als die rote Nuckelpinne hielt.
»Wo wohnen hier Peters?«, fragte der junge Mann hinter dem Steuer. Der Knabe hatte einen schicken, dunkelbraunen Anzug an und Blumen in seiner Hand, als er ausstieg.
»Bleibt mir bitte von dem Wagen!«, forderte er uns Jungs auf, denn es stand im Augenblick ein ganzes Rudel um das Auto herum.
»Was will er denn bei euch?«, fragte einer davon.
Das hätte ich auch gern gewusst. Deshalb ging ich hinter dem ungewöhnlichen Besucher her. Er klopfte schon an unsere Kü-

chentür, als ich den großen Hausflur betrat, in dem es zum Glück diesmal nicht nach Säuglingswindeln roch.

»Habe ich die Ehre mit Frau Peters zu sprechen?«, fragte der junge Mann meine Mutter.

»Ja!« Mehr konnte Mutter vor lauter Staunen nicht herausbringen.

»Verzeihen Sie, gnädige Frau, dass ich Sie so unangemeldet überfalle. Mein Name ist Horst Strecker, ich bin mit Ihrem Fräulein Tochter befreundet.«

Er hielt meiner Mutter die mitgebrachten Blumen und seine Hand zur Begrüßung entgegen. Meine arme Mutter wischte erst einmal ihre Hände an der Schürze ab. Dann wusste sie nicht, sollte sie zuerst die Blumen oder die Hand des Besuchers nehmen. Schließlich gelang ihr beides gleichzeitig.

»Schau nach, ob du Vater findest!«, befahl sie mir in ihrer Hilflosigkeit.

»Vater holt die Arbeitslosenunterstützung ab«, sagte ich.

»Jaja! Was sagten Sie, was Sie sind?«

»Was ich bin, gnädige Frau? Ich bin Student; im zweiten Semester. Ursprünglich hatte ich die Absicht Chemiker zu werden. In letzter Zeit jedoch neige ich mehr zur Medizin.«

Kein Wort hatte meine Mutter begriffen. Hilflos geisterte ihr Blick durch die Stube, die doch sonst zu fast allen Tageszeiten eine ganze Anzahl von Menschen beherbergte und nun so leer war.

»Wo ist denn nur Edeltraud?«, fragte sie mich. »Ach, die habe ich ja auf den Wochenmarkt geschickt. Wissen Sie, ich bin heute nicht selbst dazu gekommen. Edeltraud schicke ich nicht besonders gern einkaufen. Sie gibt immer mehr aus als ich.«

»Wegen Edeltraud bin ich gekommen, gnädige Frau!«

»Was, wegen der?«, konnte ich mich nicht beherrschen. Ich war fest davon überzeugt, sein Auftauchen bei uns gelte Sophie. Unsere Patschi war ja noch zu jung. Dass es jemals einen Mann geben werde, der Edeltrauds wegen kommen würde, hätte ich nie für möglich gehalten. Und nun stand da ein schicker junger Mann mit einem Auto vor der Tür und Blumen, die Mutter noch immer in ihrer Hand hielt.

Hastige Schritte trippelten durch den Flur. Dann wurde die Tür aufgerissen und herein stürzte Edeltraud.
»Horst, wie konntest du nur? Ich habe dich so sehr gebeten damit noch zu warten! Wenn nur Vater jetzt nicht kommt!«
»Warum?«, fragte meine Mutter, die mit Edeltrauds Theaterauftritt ihre gewohnte Sicherheit zurückgewann. Dann kam auch Patschi. Sie hatte ihre Schwester zum Wochenmarkt begleitet. Als die beiden auf dem Rückweg in die Straße am Rhein einbogen und Edeltraud den roten Wagen erspähte, drückte sie Patschi die schwere Einkaufstasche in die Hand und rannte los.
»Ach, wenn du das doch nicht getan hättest, Horst, es ist entsetzlich!«
»Jetzt halt deinen dummen Mund, Edeltraud! Und Sie, setzen Sie sich doch, bitte!«
Wie nett meine Mutter sein konnte! Horst setzte sich. Patschi pflanzte sich vor ihm auf und sah ihn wortlos an. Dann hielt sie ihm ihre Hand hin und sagte: »Tag!« Das »Guten« sparte Patschi immer.
»Guten Tag!«, sagte der junge Mann. Ich hatte den Eindruck, er fühlte sich plötzlich nicht mehr sehr wohl in seiner Haut.
»Und was meinst du, was entsetzlich ist, Edeltraud?«, fragte unsere Mutter ihre Tochter.
»Das alles! Warum musste er hierher kommen?«
»Ist das ein Verbrechen? Oder schämst du dich, weil wir arme Leute sind?«
»Das ist es, Frau Peters! Edeltraud glaubt nämlich, ich meine es nicht ernst mit ihr. Ich dachte mir, wenn ich einfach mit Ihnen und Ihrem Mann spreche, dann ist alles in Ordnung. Ich mag diese Heimlichkeiten nicht.«
Patschi war dabei, den Inhalt der Einkaufstasche auf dem Küchentisch auszubreiten. Dann zählte sie die Äpfel, die sie mit Edeltraud eingekauft hatte.
»Vierzehn Stück. Da kannst du auch einen essen.« Sie reichte dem Besucher einen Apfel.
»Paschi, lass das sein!«, schimpfte Edeltraud.
»Magst du keine Äpfel? Die sind so schön sauer. Ich habe schon einen probiert.«

Und dann kam Vater. Er zeigte nicht die geringste Überraschung. Viel sprach er nicht.
»Es ist nett von Ihnen, dass Sie uns besucht haben. Kommen Sie ruhig wieder. Was Sie tun und lassen, das ist Ihre Sache. Alt genug seid ihr beide. Was gibt es da viel zu reden. Verheiratet sein dauert in den meisten Fällen recht lange; deshalb muss es gründlich überlegt sein. Aber wem erzähle ich das, junger Mann, Sie studieren ja schließlich.«
»Jaja, natürlich«, meinte Edeltrauds Freund mit dem roten Auto. Ich wusste nicht recht, weshalb er meinen Vater so erstaunt ansah. Unser Familienoberhaupt hatte sich doch klar genug ausgedrückt. So klar, dass auch ich alles verstanden hatte. Und ich ging erst das letzte Jahr zur Volksschule.

*

9)

Der Riese Florian und seine Schlummermutter, Frau Sartorius, hatten Streit bekommen. Sie wollte ihn wieder aus der Wohnung haben. Aber das war nicht so einfach. Der schlaue Bursche hatte mit ihr einen Mietvertrag für die Dauer von zwei Jahren abgeschlossen. Sicher deshalb, weil er schon oft genug an die frische Luft gesetzt worden war. Und die ewige Umzieherei war er leid.
»Wer mit dreißig noch ledig ist, ist meist ein komischer Vogel«, meinte unser Vater.
»Dass er wie ein Weibsbild auf seiner Bude wäscht und kocht, das würde ich ja noch in Kauf nehmen, aber er hustet die ganze Nacht wie ein Schwindsüchtiger.« Das sagte Frau Sartorius. Aber wegen Husten kann man keinen Menschen aus der Wohnung jagen.
In diese Zeit fiel auch das unerklärliche Verschwinden von Burschi. Burschi war ein Hund. Er wohnte bei einer Familie in den ersten Häusern unserer Straße. Er war weder Spitz noch Schnauzer. Seine Abstammung war unergründlich. Eines der Kinder hatte Burschi als süßes kleines Bündel ins Haus geschleift. Wer wollte so roh sein es zu verjagen, als sich herausstellte, was daraus wurde. Man liebt keinen Hund seines Stamm-

baumes wegen. Burschi hatte auch sonst keine großen Hundeeigenschaften. Er war zum Bellen und zum Laufen zu faul; er hasste jede Anstrengung und schlechtes Wetter. Einzig zum Fressen und Schlafen brauchte er keine Aufforderung. Ich mache Burschi nicht deshalb als Hund herunter, weil er nicht mir gehörte, aber es ist die Wahrheit. Am liebsten lag Burschi auf den sonnenbeschienenen Stufen des Hauseinganges. Seine Faulheit führte zu übermäßigem Fettansatz. Und dann war er eines Tages verschwunden; einfach weg. Er tauchte nie mehr auf.
Vierzehn Tage später pfiff morgens, nach dem Aufstehen, an einem offen stehenden Fenster ein vierzehnjähriger Junge auf den Fingern. Das tat er jeden Morgen. Es vergingen im Höchstfall zwei Minuten nach diesem grellen Pfiff, dann schoss ein graubrauner Schatten über den freien Platz, den das Haus vom Rhein trennte. Elegant sprang der Schatten über den Einmeterzaun und legte Pfoten und Kopf auf die Fensterbank, hinter der der Junge gepfiffen hatte.
Dieser Junge war ich; der Schatten mein Freund Roland. So war das jeden Morgen. Nur nicht an diesem Morgen; etwa vierzehn Tage nach Burschis Verschwinden. Von bösen Ahnungen erfüllt, wiederholte ich meinen Pfiff. Was half es; Roland kam nicht wie üblich angebraust. Ich vollführte auf meinen Fingern ein nervenzersägendes Dauerkonzert, ohne jeden Erfolg.
Man muss sich in Herz und Seele eines vierzehnjährigen Knaben versetzen, der glaubt auf dieser Welt nur einen Freund zu besitzen: seinen Hund! Und dieser Freund ist plötzlich verschwunden. Kein Mensch kann ihm sagen, wo er ist. So mag es einem Schiffbrüchigen zu Mute sein, der sich auf eine Planke retten konnte, die dann plötzlich von unbekannten Fäusten unter ihm fortgezogen wird.
Als Roland auf meinen Pfiff nicht herbeikam, war Sommer. Keiner jener Sommertage, an denen es schon am Morgen wohlig warm ist. Vom Wasser her wälzten sich nass-kalte Nebelfetzen und die Sonne versteckte sich hinter Bergen von schwarz-grauen Wolken, die ein garstiger Wind durch das Rheintal jagte. Doch was bedeutete das alles, wenn plötzlich ein Freund verschwunden ist? Ich flankte meinen mageren Körper durch das Fenster

in den Hof. Meine Brüder, von meinem Pfeifkonzert aufgeweckt, schrien hinter mir her: »Was soll der Blödsinn, du Idiot? Deinen Bastard bringt jeder zurück, sobald er ihn bei Licht betrachtet!« Weshalb beurteilen wir Menschen alles nur nach Äußerlichkeiten? Und mit welch herzlosen leiblichen Brüdern musste ich in einer Kammer schlafen. Keiner dachte an die Liebe, die den Hund Roland und den vierzehnjährigen Knaben Manfred Peters verband. Und keiner dachte daran, dass die Flanke aus dem gemeinsamen Schlafzimmer ebenso ein Todessprung über eine Brückenrampe oder aus dem vierunddreißigsten Stockwerk eines Hochhauses hätte sein können. Ich existierte nicht mehr, sondern nur noch die Frage nach dem Verbleib meines vierbeinigen Freundes.

Dies war die unbegreifliche Wahrheit: Roland konnte meinem Pfiff nicht mehr folgen. Er hätte es getan wie an jedem Morgen, augenblicklich und ohne zu zögern. Selbst der leckerste Bissen oder die bestgebaute Hündin im ganzen Rheinviertel hätten ihn nicht davon abhalten können. Der Hund Roland war zu diesem Zeitpunkt tot. Ich will die ganze Wahrheit nicht länger vorenthalten: Florian, der Riese und Untermieter von Sartorius, der im ersten Stockwerk des roten und unverputzten Hinterhauses in der Straße am Rhein wohnte, hatte ihn getötet. Dieser Riese, von dessen Arbeitskraft Wunderdinge an den Theken der Rheinkneipen erzählt wurden, wusste, dass die Schwindsucht dabei war, ihn aus dieser Welt zu raffen. Hundefett sei seine Rettung, hatte man ihm geraten. In unserer Straße war Burschi sein erstes, mein Freund Roland sein zweites Opfer.

Wie diese Wahrheit ans Licht kam? Drei Tage nach Rolands Verschwinden erklärte Florian seiner Vermieterin, er müsse zu einer Untersuchung ins Krankenhaus. Sein Aufenthalt dort werde wahrscheinlich zwei oder auch mehrere Tage dauern. Florian kam nicht mehr wieder. Sein Zustand war bereits eine Gefahr für seine Mitmenschen. In seinem Schrank fand Frau Sartorius vier große Einmachgläser; bis zum Rand mit ausgelassenem Hundefett gefüllt. Das spurlose Verschwinden der Hunde im Rheinviertel hörte von diesem Tag an auf. Der Riese Florian machte es nicht mehr lange. Nicht einmal Burschi und mein

Freund Roland hatten ihn retten können. Das machte mir Rolands Tod noch schwerer.

»Der Mann muss hinaus ins feindliche Leben, muss wirken und streben!«

Auch bei meiner Schulentlassung rezitierte unser Rektor Schillers Verse, mit denen man hierzulande seit Generationen den jungen Burschen einen Schreck einjagt vor dem, was ihnen nun bevorsteht. In welch gehobene Stimmung könnten die Redner die Schulentlassenen versetzen, würden sie diesem Vers einen zweiten hinzufügen, nämlich: »Muss wetten und wagen, das Glück zu erjagen.«

Der freiheitsliebende Dichterfürst würde außerdem richtig verstanden.

Bei mir unterdrückte der alte Herr mit diesem Bruchstück sogar die Freude über meinen neuen Anzug. Er war das erste Kleidungsstück, das ich weder von Gustav noch von Erich übernehmen musste; er war eigens für mich gekauft worden.

Mit seiner Drohung sollte unser Rektor in meinem Fall vorerst Recht behalten. Ich wäre gern Buchdrucker oder Schriftsetzer geworden. Wahrscheinlich hatte diesen Wunsch meine langjährige Verbindung zur Zeitung geweckt. Leider wurde im Jahr meiner Schulentlassung in der Industriestadt am Rhein nur ein einziger Buchdruckerlehrling benötigt. Es meldeten sich dreißig Bewerber. Der Inhaber der kleinen Quetsche unterzog uns einer Prüfung. Sie dauerte den ganzen Vormittag. Die richtige Beantwortung vieler seiner Fragen wäre auch Akademikern schwer gefallen. Jedenfalls bekam dich die Stelle nicht. In einer Metzgerei hätte ich als Lehrling unterkommen können; aber davor schauderte es mich.

»Nein! Niemals!«, schrie ich auf, als Vater mir diese Botschaft überbrachte.

»Denke an Sophie, sie kann auch kein Blut sehen«, half mir meine gute Mutter. Da klopfte mir Vater beruhigend auf die Schulter. Schließlich landete ich als Laufbursche in einem der vielen Büros des riesigen Werkes unserer Stadt. Mein Chef sagte mir, ich wäre gegebenenfalls nicht der Erste, dessen Weg vom Laufburschen bis zum Direktor geführt hätte. Das tröstete mich.

Nicht aber meine vornehme Schwester Edeltraud.
»Laufbursche«, rümpfte sie die Nase. »Hättest du dir von meinem Bräutigam ein paar Monate Nachhilfe geben lassen, die Prüfung in der Buchdruckerei wäre dann ein Kinderspiel für dich gewesen.«
Diese Ziege! Erstens war sie noch immer nicht verlobt mit ihrem Studenten und zweitens hatte er sich seit vielen Monaten nicht mehr sehen lassen. Wie arm wäre unsere Familie gewesen, hätte es Patschi nicht gegeben.
»Du musst nicht traurig sein, weil du kein Buchdrucker werden kannst«, sagte sie zu mir. »Schau, ich kann noch immer nicht richtig schreiben und rechnen schon gar nicht. Aber ich kann von allen Mädchen unserer Schule am besten tanzen! Du hast es ja bei dem Schulfest gesehen.
Wer hat den Solotanz im Elfenreigen hingelegt? Ich! Und soll ich dir mal etwas sagen? Unsere Tanzlehrerin hat mir versprochen sich dafür zu bemühen, dass ich eine Ausbildung als Tänzerin bekomme. Verrate aber noch keinem Menschen etwas davon! Muss eine Tänzerin rechnen und schreiben können?«
»Ich weiß es nicht; aber besser ist es bestimmt«, gab ich zu bedenken.
»Ach, Quatsch, tanzen muss die können, wenn sie berühmt werden will! Man muss wissen, was man kann! Weißt du das?«, fragte sie mich mit erhobenem Zeigefinger. »Meinst du, du würdest auch ein Tänzer? Das liegt ja in unserer Familie.«
»Ein Tänzer, Patschi? Nein, ein Tänzer, das glaube ich kaum.«
»Macht nichts, aber etwas anderes kannst du bestimmt. Du musst nur richtig aufpassen.«
»Aufpassen? Worauf soll ich denn aufpassen?«
»Mein Gott!«, empörte sich Patschi, »du musst spüren, was du kannst!«
»Spüren? Ich kann Zeitungen austragen, Fußball spielen und Schach auch noch.«
Da sah meine Schwester Patschi mich genauso an, wie ich und ihre übrigen Geschwister sie hundert und noch mehr Mal angesehen hatten, wie einen Menschen, bei dem es da oben nicht so ganz richtig stimmt. Da machte ich mir das erste Mal Gedanken

darüber, ob Schreiben, Lesen und Kenntnis der Klassiker zu den wichtigsten Dingen des Lebens zählen.

*

10) Erich, sportgestählt und von fanatischer Vaterlandsliebe besessen, bekam einen Brief. Ganz kurz und sachlich. Der Inhalt lautete: »Die ärztliche Untersuchung hat ergeben, dass Sie den körperlichen Anforderungen, die wir an die Angehörigen der Deutschen Marine zu stellen gezwungen sind, nicht entsprechen.«
Nicht nur Erich und wir von der Familie Peters schüttelten darüber die Köpfe, sondern alle Menschen im Rheinviertel, die Erich kannten und von diesem Bescheid erfuhren.
»Wenn erst der Sieg unser ist, wird auch mein Wunsch Tatsache!«, grollte mein starker Bruder.
»Dann wirst du keine Bewerbung mehr zu schreiben brauchen, mein Junge. Sie wissen genau, wann es an der Zeit ist, aus dir einen todesmutigen Helden zu machen. Die Frage ist nur, ob es dir dann noch erstrebenswert sein wird.«
Erich wollte daraufhin mit Vater eine politische Diskussion einleiten, doch unser Familienoberhaupt winkte heftig ab. Ich hatte schon seit einiger Zeit den wohl richtigen Eindruck, mein Vater sei müde geworden, wenn es um Politik ging.
Wer wollte es ihm verdenken. In unserem Vaterland ging es lustig zu. Dauernd gab es neue Wahlen und neue Regierungen. Auf den Straßen prügelten sich Menschen, die sich nie gesehen hatten, nur deshalb, weil ihre Parteiabzeichen nicht die gleichen waren. Täglich gab es aus dem gleichen Grund Schießereien. Jeder Deutsche wusste laut Programm seiner Partei, wie es in unserem Vaterland wieder aufwärts gehen könnte, ja musste. Nur die in immer schnellerer Folge wechselnden Regierungen wussten es nicht.
Franz, der Seemann, war auch einer Partei beigetreten. Mein Vater konnte es nicht verstehen.
»Das hätte ich von dir nicht erwartet«, sagte er zu Franz und schüttelte traurig den Kopf.

»Wieso? Ich fühle mich als guter Deutscher dazu verpflichtet! Unser Vaterland ist in Gefahr! Auch für dich, Peters, ist es an der Zeit, zu erwachen!«
Die wetterfeste Stimme des ehemaligen Fahrensmannes klang ganz wie die meines Bruders Erich, der jetzt sehr oft mit dem Seemann zusammensteckte. Trafen sie einander, so sagten sie zur Begrüßung nicht »Guten Morgen!«, sondern »Heil Hitler!«.
Der schöne Herr Robens, dessen Familie sich um ein weiteres Kind vergrößert hatte, versuchte meinen Vater zu trösten: »Lass sie doch, Peters, sie werden von selbst wieder heil. Das ist wie eine ansteckende Krankheit, die muss man auswüten lassen.«
»Es ist mir lieber, wenn man sich bemüht sie einzudämmen und schließlich ganz auszurotten, bevor wir alle daran krepieren!«
»Der Robens ist ein netter Mensch«, meinte Vater später, »wenn er nur nicht so erschreckend faul wäre.«

*

11)

Unsere vornehme Edeltraud erschien mit hochrotem Gesicht in der Küche.
»Schnell, Mutter, mein rosarotes Sonntagskleid! Nein, ich probiere, ob mir Sophies neues Kleid nicht besser zu Gesicht steht!«
»Bist du verrückt«, fragte meine Mutter, »oder etwa krank? Ganz fiebrig sieht dein Gesicht aus.«
»Ach, Mutter, ich bin ja so glücklich, Horst ist da!«
»Dein Herr Student?«, fragte Mutter spitz.
»Ja! Und stell dir vor, heute Abend gehen wir zusammen aus. Ganz groß, Mutter! Ach, bin ich glücklich! Ein elegantes Kleid müsste man haben; ein Modellkleid aus dem besten Salon. Warum sind wir nur so schrecklich arm, ausgerechnet wir?«
»Sophies neues Kleid schlag dir aus dem Kopf«, überhörte unsere Mutter die Klage der Armut. »Außerdem musst du deinen Vater fragen, wenn du ausgehen willst.«
»Wieso? Ich bin fast zwanzig Jahre alt und kein kleines Mädchen mehr!«
»Aber noch genauso dumm! Uns reichen die Erfahrungen, die wir mit deiner Schwester Annemarie gemacht haben! Dein Horst

hätte sich eigentlich etwas mehr melden können, wenn er vorgibt dich so sehr zu lieben.«
»Und wenn sich alle Peters auf den Kopf stellen, ich gehe!«
Edeltraud ging. Vom Turm der alten Kirche im Rheinviertel schlug es am nächsten Morgen gerade sechsmal, da kam unsere vornehme Schwester von ihrem ganz großen Ausgang zurück. Ich war gerade dabei, meine Haare, die immer noch nicht ganz so wollten wie ich, zu einer Scheitelfrisur zu zwingen.
»Wo kommst du jetzt her?«
Mein Vater fragte es mit ruhiger Stimme. Die Hände meiner Mutter, die dabei waren, meine Stullen für einen langen Arbeitstag zuzubereiten, zitterten.
»Von Horst«, kam es zaghaft von den Lippen Edeltrauds, die blass und elend aussah.
»So – und wo wart ihr?«
»Wir – wir haben uns verlobt!«
»So – und sehr wahrscheinlich sofort geheiratet?«, fragte unser Vater. Seine Stimme war immer noch gleich ruhig; beinahe sanft. Aber ich sah in seine Augen und auf die geballten Fäuste. Wie ein Tiger, so setzte er nun seine Schritte behutsam, als habe er selbst Furcht vor dem, was nun mit dem blassen Opfer vor ihm geschehen werde. Meinen Scheitel vergaß ich vollständig.
»Wo waren Horsts Eltern?« Das Zittern der Lippen unseres Ernährers teilte sich seinen Bartspitzen mit und die Stimme sank zum Flüsterton herab. Langsam öffnete sich die Faust seiner Rechten, die Finger an der Hand spreizten sich, fuhren in ohnmächtiger Bewegung durch sein Haar. Dann fiel die Rechte wie leblos herab.
»Mach dich in dein Bett!« Seine Stimme klang müde.
Dann jedoch brüllte es in die morgendliche Stille hinein: »Mach dich ins Bett – du dummes Luder!«
Der Kamm fiel mir aus der Hand. Neben dem Küchentisch knallte eine Tasse auf die Erde. Aus Edeltrauds Mund erreichte uns ein unterdrückter Angstschrei; dann knallte die Zimmertür hinter ihr zu.
»Mein Gott!«, stöhnte mein Vater und vergrub sein Gesicht in beide Hände. »Umbringen wollte ich sie.«

Seine Stimme war brüchig, seine Riesenpranken standen vor seinen Augen in einer Stellung zueinander, als befinde sich ein Hals zwischen ihnen. Auf seiner Stirn sah ich dicke Schweißtropfen. Das erste Mal in meinem Leben überfiel mich Angst vor meinem Vater.
Ich raffte das Stullenpaket vom Tisch und rannte ungekämmt hinaus. Auf Kaffee zu warten war an diesem Morgen ohne Sinn; er war aus der zerbrochenen Tasse in zwei traurigen Rinnen unter den Herd gelaufen.

*

12)

Mit Gustav gab es auch wieder Ärger. Und nicht nur mit ihm. Eigentlich war Elli Biermann alleine schuld. In der ganzen Straße war es kein Geheimnis mehr, dass die rothaarige Tochter des ehemaligen Hundedresseurs und mein ältester Bruder ein Liebespaar waren. Warum auch nicht. Altersmäßig und auch sonst passten sie gut zueinander. Elli war keine besondere Schönheit, jedoch hässlich war sie auch nicht. Von Gustav konnte man Ähnliches behaupten. Was ich ihm ankreidete, war das affige Getue mit seinem Haar. Mein ältester Bruder bildete sich nämlich ein, es sei lockig. Er trug deshalb nur ganz selten eine Kopfbedeckung. Jedes Mal wenn er unsere Wohnung verließ, fragte er einen von uns: »Wie ist meine Frisur? Kommt rechts meine Welle gut zur Geltung?«
Erich oder mich fragte er so einen Blödsinn nicht mehr. Ohne es miteinander ausgemacht zu haben, tippten wir bei dieser oder einer artverwandten Frage nur wortlos an unsere Stirn. Eigentlich hatte Gustav nur bei Edeltraud, die von Woche zu Woche in höhere Regionen hinaufstieg, diesbezüglich Glück.
»Du bist neben mir der einzige von allen Peters, der entsprechenden Wert auf sein Äußeres legt. Nur solltest du dich etwas mehr bemühen aus deiner Braut Elli eine geschmackvolle Frau zu machen. Schließlich möchte man ja zu seiner Hochzeit wenigstens einige von der Familie einladen können, für die man sich nicht zu schämen braucht.«
Das sagte sie in meinem Beisein, während sie Gustav die einge-

bildete Welle drückte. Ich behielt es für mich. Wozu sollte ich es an die große Glocke hängen? Mutter hätte sich nur unnötig aufgeregt. An diesem Abend passierte auch der Ärger mit Gustav.

Die rothaarige Nachbarin saß neben meinem Bruder auf der Holzbank hinter dem Küchentisch.

»Na, ihr zwei, heute wieder Sparabend?«, flachste Erich, als er vom Boxtraining zurückkam.

»Schließlich möchten wir ja bald heiraten und so arm, wie es hier und bei meinem Vater aussieht, wünschen wir es bei uns einmal nicht!«

»Ganz richtig, Elli! Nun, da wird es ja bei meiner Hochzeit an nichts fehlen. Für eine nobel eingerichtete Vierzimmerwohnung garantiert mein Schwiegervater, der inzwischen Direktor geworden ist.«

Natürlich stammte das von unserer überspannten Edeltraud. Ihr Horst war wieder ausgeflogen und studierte zurzeit in Berlin. So alle vierzehn Tage schrieb er meiner Schwester; es sah hier wirklich alles zur Zufriedenheit aus. Wenn man Edeltraud glauben durfte, so war sie schon verschiedentlich Gast im vornehmen Hause ihrer zukünftigen Schwiegereltern gewesen. Allerdings behauptete Erich mir gegenüber, bei Edeltrauds Besuchen in der Direktorenvilla seien die Eltern von Horst jedes Mal verreist gewesen. Sogar das Dienstmädchen habe seinen freien Tag gehabt.

»Wir müssen eben sparen, leider haben Gustav und ich von unseren Eltern nichts zu erwarten«, spitzte die Rothaarige.

»Man hat mehr Freude an dem, was man sich selbst erspart und erarbeitet hat«, meinte unsere fromme Sophie, die merkwürdigerweise nicht mehr vom Kloster sprach. Ich hätte mich gern eingemischt, unterließ es aber, als Erich abwinkte und sagte: »Dummes Weibergequatsche!« Er hatte völlig Recht.

»Neugierig bin ich, ob du auch so viel von deinem Lohn abgibst, wenn du einmal ans Heiraten denkst, wie ich es noch immer tue«, sagte Gustav und meinte unseren Erich. Vater schaute viel sagend über den Rand seiner Zeitung zu unserer Mutter hinüber, blieb aber still.

»Bis jetzt hat noch jede Mark, die ich verdient habe, Mutter bekommen. Und wenn ich in drei Monaten meine Lehre hinter mir habe, wird sich daran nichts ändern. Aber von Gemeinschaftsgeist hast du scheinbar noch nie etwas gehört!«, kanzelte Erich seinen älteren Bruder ab.

»Idiot! Ich weiß, wo du diesen Blödsinn gelernt hast! In deiner SA wissen sie ganz genau, weshalb sie ihre Mitglieder auf diese Weise verdummen. Jeder ist sich selbst der Nächste! Sofern du noch nicht wissen solltest, wie mein Wahlspruch lautet!«

Die Sache drohte bösartig zu werden. In solchen Fällen tat ich nichts anderes als Johannes Peters zu beobachten, der laut Taufbuch als mein Vater zeichnete. Und er tat nichts. Falls man als Nichts das Heben des Kopfes über den oberen Rand der Zeitung bezeichnen konnte; vielleicht auch noch den Millimeter, um den seine Augen größer wurden.

Was nun über der Tischplatte gesprochen wurde, nahm ich nicht mehr auf. Der feierliche Augenblick war da, indem mein Vater seine Pfeife stopfte. Unnachahmlich – die Bewegungen aller Pfeifenraucher. Auch unser Familienoberhaupt machte da keine Ausnahme. Er lehnte sich in seinen Stuhl zurück und griff in die Tasche. Erst in die linke, dann in die rechte. Kein Pfeifenraucher weiß auf Anhieb die Tasche, in der er seinen Tabaksbeutel aufbewahrt; auch mein Vater wusste es nicht. An diesem denkwürdigen Abend befand sich Vaters Tabaksdose in der linken Rocktasche.

Warum nur sind alle Menschen still, wenn in ihrer Umgebung ein Mann seine Pfeife stopft? Ich weiß nicht, ob dies überall so ist; im Parterre unseres roten Hinterhauses war es jedenfalls so. Diese Handlung meines Vaters wurde mit keinem Wort unterbrochen.

»Sagtest du, jeder ist sich selbst der Nächste, Gustav?«, nahm mein Vater nach den ersten Zügen aus seiner Pfeife das abgebrochene Gespräch wieder auf. Er sah keinen von uns dabei an, sondern beschäftigte sich damit, sein Rauchopfer noch wirkungsvoller zu gestalten.

Unsere Blicke wanderten zu unserem Ältesten. Ich beobachtete, wie Gustav seiner Rothaarigen einen aufmunternden Blick zuwarf. Doch Elli Biermann hob nur die Schultern und verzog unwissend ihr Gesicht.

Die großen und blauen Augen meines Vaters wurden wieder gut. Ihr Blick glitt von einem zum anderen und blieb fragend auf dem Gesicht meines Bruders Erich hängen. Ich weiß nicht, ob ich der Einzige war, der das leichte Schütteln des kantigen Gesichtes beobachtete und die gemurmelten Worte »Aus dir werde ich nicht klug« verstand. Dann erhob sich mein Vater ganz unerwartet; ging bis zur Zimmertür, drehte sich um, sah uns alle der Reihe nach an und verschwand im Nebenzimmer.

»Kein Mensch wagt ein Wort zu sagen, wenn er da ist!«

»Meinst du deinen Vater?«, fragte unsere Mutter und sah Gustav, den Sprecher, missbilligend an.

»Ja, den meinen wir!«, antwortete Elli Biermann frech.

»Er hat so viel gute Gelegenheiten vertan! Wenn ich nur daran denke, wie gut sich das Hundedressurgeschäft angebahnt hatte. Und was ist aus der Hühnerfarm geworden? Es könnte uns allen viel besser gehen.«

Da packte mein Bruder Erich mit einer abrupten Bewegung meinen Arm.

»Komm!«, sagte er zu mir, »sonst vergesse ich mich und breche Gustav und seiner roten Missgeburt sämtliche Knochen!«

Erich konnte man diese Ausdrucksweise nicht verargen; er verkehrte ja nur unter harten Männern, und das nicht nur in seinem Boxverein.

An diesem Abend verließ unser Gustav das rote und unverputzte Hinterhaus und zog zu Biermanns hinüber. Die rothaarige Elli wollte künftig dafür sorgen, dass von Gustavs Wochenverdienst für den baldigen Ehestand der beiden mehr übrig blieb als bisher.

*

Unsere Mutter hatte unendlich gute Augen. Sie waren so braun wie die meiner frommen Schwester Sophie; jedoch deshalb viel anziehender, weil rundherum tausend und noch mehr Fältchen lagen. Erzählte eines ihrer vielen Kinder etwas Erfreuliches, vermehrten sich die winzigen Fältchen zu Millionen. Beim Zuhören öffneten sich ihre Lippen ein wenig und ihr versonnener Blick richtete sich auf etwas, was wir Kinder nicht erfassen konnten. Heute glaube ich zu wissen, an was unsere Mutter in solchen Augenblicken dachte.

Ihre Gedanken wanderten zurück bis zu der Stunde, in der wir kleine, hilflos schreiende Menschenbündel gewesen waren. Nun waren wir groß geworden; einer nach dem anderen begann sein eigenes Leben. Diese Aufgabe erfüllt zu haben war ihr Lebensglück. Nichts anderes hatte sie auf dieser Welt besessen. Keine Reise an die Riviera; keine Stunde im warmen Küstensand; nie erlebte sie den Sonnenaufgang vom Gipfel eines Berges; niemals in ihrem Leben hatte sie in einem Hotel übernachtet und war mit höflicher, wenn auch einstudierter Verbeugung bedient worden. Zu ihr hatte noch nie ein Mensch gesagt: »Komm, wir spannen einmal aus, wir verreisen!« Ihre Sorge und gleichzeitig ihr Glück war die Erfüllung der tausend und mehr Wünsche, die wir Kinder in ihre armselige Küche getragen hatten und täglich immer noch trugen. Ihr genügte es.

Nun hatte sich das zweite ihrer Kinder der Sorge des Elternhauses entzogen. Nicht so wie Annemarie, die ihren Bernd geheiratet hatte. Nein, Gustav war im Zorn gegangen, unzufrieden mit seinem Zuhause. Die guten Augen unserer Mutter waren tagelang verweint.

»Gustav und Elli wollen eben vorankommen«, entschuldigte Edeltraud das Verhalten der beiden. »Zum Glück mache ich mit meinem Horst eine bessere Partie.«

»Sei still!«, herrschte Erich sie an. »Ich kann die beiden Namen nicht mehr hören! Beweg lieber dein Bügeleisen etwas schneller, ich möchte nämlich noch heute die Hose anziehen! Und gib nicht ewig mit deinem Horst an!«

»Von Horst können sich alle meine Brüder eine Scheibe abschneiden. Das Großmaul Erich die dickste!«

»In letzter Zeit schreibt dein Horst aber sehr selten«, warf Mutter ein.

»Mein Bräutigam nimmt sein Studium sehr ernst, Mutter. Er arbeitet oft ganze Nächte hindurch. Als Frau muss man dafür

Verständnis aufbringen«, belehrte unsere Vornehme meine misstrauische Mutter.
Mein Bruder Erich zog fast so viel Luft in seinen Brustkasten, wie es mein Vater in solchen Situationen tat; dann ging er ganz nahe an Edeltraud heran und sagte: »Wenn es dich interessiert, mein liebes Schwesterlein, dein Horst kreuzt schon seit einigen Tagen in seinem Angeberauto durch die Stadt!«
»Du Lügner!«, schrie Edeltraud und knallte das Bügeleisen auf die Tischplatte.
Unsere fromme Sophie sagte leise: »Ich habe ihn auch gesehen. Neben ihm saß Molly Klein; wir gingen zusammen zur Schule.«
»Sieh mal an, die schwarze Molly! Weißt du, wer das ist, Edeltraud? Die Kellnerin aus dem Café Hände Hoch, das verrufenste Weib der ganzen Stadt!«
»Erich, rede nicht so gemeine Sachen!«
»Ach, Mütterchen, was weißt du denn, wie es draußen in der Welt zugeht«, tröstete Erich seine Mutter, während Edeltraud ihren großen Schmerzensausbruch in das Schlafzimmer verlegte.
Edeltrauds klaffendes Herz rührte die mütterlichen Gefühle unserer Patschi, die der geprüften Schwester leise folgte. Erich packte das Bügeleisen, murmelte etwas wie »Erschießen ist viel zu schade!« und beendete fachgemäß die begonnene Weiberarbeit an seinen Beinkleidern.
»Was sagst du denn dazu, Johannes?«, fragte Mutter ihren Mann. Der aber zuckte nur mit den Schultern.
»Die arme Edeltraud! Jetzt will sie in ihrem ganzen Leben keinen Mann mehr anschauen. Und es gibt so viele und so schöne Männer. Wenn ich nur an unseren neuen Musiklehrer denke. Der junge Sartorius oben ist auch nicht übel, wenn ihr auch alle über ihn schimpft.«
Dieses verkündete Patschi, nachdem sie ihre Schwester Edeltraud ähnlich getröstet hatte. Patschi war immerhin dreizehn Jahre alt. Sie ging in jeder Woche zweimal zur Ballettschule, machte in den frühen Morgenstunden schon die unmöglichsten Verrenkungen und setzte diese Tätigkeit nach Schulschluss fort. Sie bestand nur aus Haut und Knochen. Ihr dunkelfarbiges

Gesicht schien nichts anderes als große, braune Augen zu besitzen, die immer einen feuchten Glanz hatten. Sah sie einen an, so konnte man das Gefühl nicht loswerden, sie würde bis in die geheimste Seelenkammer ihrer Mitmenschen blicken. Ich bin überzeugt, sie besaß diese Gabe, von der sie selbst jedoch nichts wusste.

Nach Patschis Worten legte mein Vater die Handflächen wie zum Gebet aneinander, hob die Arme zur Zimmerdecke und seufzte ergeben: »Oh, mein Gott!«

»Hier dürfte ich kein Vater sein!«, erklärte mein harter Bruder Erich. Sein Boxergesicht sah aus wie beim »Gong zur ersten Runde«.

Mutter machte sich an unserem Schrank zu schaffen. Hier, in einer henkellosen und auch sonst stark ramponierten Kaffeetasse, auf der ein kaum mehr erkenntlicher Schutzengel ein Knäblein über einen geländerlosen Wildbachsteg geleitete, war Mutters Bankhaus. Es klimperte nur ganz verschämt. Der Seufzer, der über die guten Lippen unserer Mutter sprang, verriet alles.

»Patschi, du musst mit dem Buch einkaufen«, sagte sie verschämt.

Seitdem ich arbeitete, hatte meine Schwester Patschi dieses unangenehme Amt übernommen. Sie hätte es schon früher tun sollen; denn die angehende Tänzerin des roten Hinterhauses in der Stadt am Rhein empfand keinen Unterschied zwischen Bar- und Borgkauf. An ihr glitten auch die hässlichen Bemerkungen der ekelhaft dicken Krämerin wirkungslos ab. Im Gegenteil, wenn die wurstfingerbewehrte, schmuddelige Tante sich mit Patschi in ein Wortgefecht einließ, war sie hinter ihrer Theke zum Schluss die Beschämte.

»Wir sind arme, aber ehrliche Leute! Wenn Sie nicht wünschen, dass wir bei Ihnen borgen, gehe ich zu einem anderen Kaufmann. Schämen Sie sich doch, wegen der paar Mark überhaupt ein Wort zu verlieren!«

In dieser Art schloss Patschi jede Diskussion mit der muffigen Vettel, deren Geschäft ohne Pumpkundschaft sowieso nicht existenzfähig gewesen wäre.

»Warte, Patschi, du brauchst kein Buch!«
Erich verschwand aus der Küche. Wir sahen uns alle dumm an.
»Hier, Mutter! In sechs Wochen bekomme ich ja meinen ersten Gehilfenlohn; dann geht es uns allen wieder etwas besser!«
Mein Bruder Erich, der ein Sportsmann, Nazi und oft genug ein Ekel war, drückte unserer Mutter zwei Hundertmarkscheine in die Hand.
Unsere zarte Mutter wurde leichenblass. Sie musste sich auf den nächsten Stuhl setzen.
»Wo hast du das viele Geld her, Junge?«, fragte sie fast tonlos.
Zwei Hundertmarkscheine auf einmal hatte sie ganz sicher seit der vergangenen Inflation nicht mehr in ihren Händen gehalten. Mein Bruder Erich, von dem keiner von uns jemals erwartet hatte, dass er sich so vorzüglich zum Weihnachtsmann eigne, wurde verlegen und über und über rot. Auch das kannten wir nicht an ihm.
»Ich habe für etwas gespart, Mutter, seit zwei Jahren. Gestern habe ich mein Erspartes von der Kasse genommen. Aber nun, da Gustav fort ist, ist das Geld für uns alle notwendiger.«
Mutter hielt Erichs Hand und weinte still. Auch unser harter Erich hatte ganz blanke Augen. Mit seiner freien Linken strich er immerzu über Mutters Hände. An diesem Tag spürte ich erstmalig, wie sehr meine charakterliche Veranlagung zu wünschen übrig ließ; denn ich hätte mein sauer Erspartes bestimmt nicht der Familie gegeben.
Als Erich und ich später allein waren, fragte ich ihn: »Was wolltest du denn für das viele Geld kaufen?«
Seine Antwort kam nicht mit der festen Stimme, die ich sonst an ihm gewöhnt war: »Stiefel, einen SA-Mantel und einen Dolch.«
»Einen Dolch? Wozu denn einen Dolch?«
»Ein rechter Mann muss eine Waffe besitzen!«
Ich freute mich wahrhaftig, als wieder die frühere Festigkeit seiner Stimme in mein Ohr drang.
»Unserem schofeligen Gustav vergesse ich das nicht so schnell; verkriecht sich hinter einem Weiberrock! – Eigentlich schade, dass ich zum Wahlkampf noch keine komplette Uniform besitze«, fügte Erich noch hinzu.

»Ist eine Uniform für einen Wahlkampf so wichtig?«, fragte ich.
»Das verstehst du eben nicht!«
»Wichtiger war jedenfalls, dass du Mutter dein erspartes Geld gegeben hast.«
Da überfiel mich ein furchtbarer Gedanke.
»Mensch, Erich! Was ist, wenn du nach deiner Lehre von deinem Chef entlassen wirst? Dann kommst du nie zu Stiefeln, SA-Mantel und Dolch!«
Mein Bruder lachte ein wenig mitleidig. »Ich werde nicht entlassen.«
»Das glaube ich auch nicht, du bist ja so stark und tüchtig.«
»Ach, Quatsch, das hat einen ganz anderen Grund. Wenn du mir versprichst keinem Menschen etwas zu verraten, will ich dir ein Geheimnis anvertrauen!«
»Verraten? Ich?« Meine Rechte fuhr zum Schwur hoch. Bruder Erich schlug sein linkes Rockrevers um. Ein Hakenkreuzzeichen wurde sichtbar.
»Ist das dein Geheimnis? Das weiß ich doch längst«, bemerkte ich enttäuscht.
»Das gleiche Zeichen des Sieges trägt mein Chef unter seinem Rockaufschlag«, flüsterte mir mein Bruder zu.
»Dein Chef? Ja, warum versteckt er es denn wie du? Er hat doch keinen Vater mehr, der dagegen ist?«
»Aus geschäftlichen Gründen. Zum Beispiel betreuen wir die gesamten Heizungs- und Maschinenanlagen im Krankenhaus; ebenso in anderen städtischen Betrieben. Hinzu kommen noch die Aufträge von der Fabrik.«
»Versteh ich nicht«, winkte ich ab. Mein Interesse an dem Geheimnis sank rapide.
»Fast überall, wo diese Aufträge vergeben werden, sitzen schwarze, rote oder andere Gegner unserer Bewegung; verstehst du jetzt, warum mein Chef sein Hakenkreuz nicht öffentlich tragen kann?«
»Ja«, antwortete ich, jedoch nur, um dieses langweilige Thema hinter mich zu bringen.
Was in aller Welt konnte es nur sein, was mich in diesen Punkten so ganz anders empfinden ließ als diesen großartigen Burschen,

der mein Bruder war. Dass sich Erich für jede Art von Sport begeisterte, verstand ich gut; dass er alles vermied, was seinem Körper zur Erreichung sportlicher Höchstleistungen schaden konnte, fand meine ungeteilte Bewunderung; aber dieser Unfug mit einer Uniform und einem Dolch war mir ein Rätsel.
Noch unfassbarer war es für mich, dass Erich freiwillig seine wenigen Feierabendstunden opferte, um in seinem SA-Sturm im Gleichschritt marschieren zu lernen, auf Kommando sich rechts oder links herumzudrehen oder wie ein Standbild regungslos zu verharren. Und das alles in eine Uniform gepresst! Dabei gebrauchte er das Wort Freiheit mehr als alle übrigen Peters zusammen. Oft überfiel mich der Gedanke, Erich habe bezüglich Dummheit vieles mit unserer Edeltraud gemein.
Ich hielt mich nicht deshalb von uniformierten Kampfgruppen jener Tage fern, weil ich ein politisch kluges und weit schauendes Kind war, sondern weil ich jeden Zwang und jede Einengung meiner sowieso kärglich bemessenen persönlichen Freiheit wie nichts auf der Welt hasste. Ebenso verabscheute ich jede Zurschaustellung und das Überlaute des politischen Kampfes, den man auf die Straße verlagert hatte.

*

14)

Erich brachte wenig später seine Prüfung als Maschinenschlosser wenn auch nicht mit vorzüglichen, so doch mit guten Noten hinter sich. Unser Vater wusste, was solche Ereignisse erforderten. Er beauftragte mich eine Flasche Schnaps und zehn Flaschen Bier einzukaufen. Da er mir auch das Geld hierzu in die Hand drückte, tat ich, wie mir geheißen war. Meinen verwunderten Blick des empfangenen Geldes wegen ignorierte mein guter Vater.
»Geh bei Biermanns vorbei und sage dem alten Herrn, er solle auch ein wenig zu uns hereinschauen!« Diesen Auftrag gab mir unsere Mutter, nachdem ich Bier und Schnaps geholt hatte.
Der alte Biermann kam tatsächlich, obwohl wir seit dem Auszug unseres Bruders Gustav aus dem roten Hinterhaus kein erfreu-

liches Verhältnis mehr zu dem Nachbarn Biermann und seinem gesamten Anhang hatten. Bei seinem Eintritt in unsere Küche machte Herr Biermann eine artige Verbeugung.

Das Festessen bestand aus Heringssalat. Das heißt, Heringe bildeten an dem Salat den geringsten Anteil. Er bestand zu neunzig Prozent aus Kartoffeln, fünf Prozent sauren Gurken, vier Prozent Karotten und einem Prozent Heringen. Die Karotten gaben dem ganzen Salat ein appetitliches Aussehen.

Alles war versammelt; nur Erich fehlte. Schließlich war er die Person, die mit bestandener Prüfung Schnaps, Heringssalat und Bier rechtfertigte. Alle waren in bester Laune. Die Erwachsenen des Alkohols wegen, wir Jüngeren, weil der Heringssalat reichlich und rot war.

Dann passierte es! Ziemlich heftig klopfte es an unsere Küchentür. Unsere Mutter lief, um zu öffnen.

»Mein Gott!«, hörten wir nur und sprangen fast gleichzeitig auf. Da lag Erich, unser Sportsmann, auf einer Bahre. Es war die Heimkehr nach seinem ersten öffentlichen Kampf. Es tröstete uns auch nicht, dass ein junger Mann, der ihn begleitete, die Behauptung aufstellte, eigentlich sei unser Erich der Sieger gewesen, aber sein routinierter Gegner habe einen regelwidrigen Tiefschlag angebracht, den der parteiische Schiedsrichter nicht geahndet habe.

Mein Vater setzte daraufhin die Schnapsflasche an den Mund und ließ den Rest daraus in seinem Hals verschwinden, ohne die gierigen Augen des alten Biermann zu berücksichtigen. Schwester Sophie wankte in ihr Schlafgemach, die vornehme Edeltraud rief wiederholt etwas von brutalem, mörderischem Sport in die Gegend. Der Vater der rothaarigen Elli machte unbeholfene Anstalten unser leidgeprüftes Haus zu verlassen und mein Bruder Karl und ich fielen über den kärglichen Rest des Heringssalats her.

Schwester Patschi, die still an Vaters Schnapsflasche gelutscht und heimlich an jedermanns Bier genascht hatte, führte uns ihre besten Solo-Tanzpartien vor, was mich an eine Spinne im Netz erinnerte.

Bis auf unseren zusammengeschlagenen Erich war es ein schönes und gelungenes Familienfest. Leider war der auf Anraten unserer Mutter angebahnte Versöhnungsversuch mit Biermanns nicht zu einem guten Abschluss gelangt. Das Erfreulichste an diesem Abend war für mich, dass ich augenblicklich satt und zufrieden einschlief.

*

15)

Unser Seemann hatte sich an die Tage erinnert, an denen die Meere der Welt seine Heimat gewesen. Als er den zweirädrigen Karren im Hof unseres roten Hinterhauses abstellte, fragte ich ihn, was das zu bedeuten habe.
»Ich fange ein Geschäft an!«, erklärte der ehemalige Seefahrer.
»Mit Schachfiguren oder Brieftauben?«, fragte ich und sah ungläubig auf den hochrädrigen Handkarren.
»Nein, mit Heringen!«, belehrte er mich, als sei dies die selbstverständlichste Sache der Welt.
Mich beschlich ein Gefühl, als sei es nun an der Zeit, aus dem roten und unverputzten Hinterhaus auszuwandern. Denn eines schien mir festzustehen: Machte Franz der Seemann und SA-Kamerad meines Bruders Erich diese Geschäftsdrohung wahr, würde nicht nur Hof und Haus wie bisher nach sauren Säuglingswindeln, sondern auch noch nach Heringen stinken. Ich befürchtete außerdem, dass zu unseren ewigen sauren Gurken an den meisten Tagen auch noch Salzheringe auf unserem Speisezettel stehen würden. Ich war nie ein Feind dieser armen, in Tonnen gepressten und mit Salz eingestreuten Meeresbewohner; aber eine Ahnung sagte mir, Franz würde allen Ausschuss, darunter auch halb verdorbene Ware, an die Bewohner unseres Hauses zu einem Sonderpreis abgeben. In schlimmen Fällen sogar verschenken.
Ich gab meine Befürchtungen an Bruder Erich weiter.
»SA-Mann Franz Steinmann wird uns keinen verdorbenen Hering anbieten. Unter SA-Leuten bestehen ganz strenge Ehrenregeln; aber von soldatischen Ehrbegriffen und Tugenden versteht ihr alle einen Dreck!«
»Dann bin ich beruhigt«, atmete ich auf. Woher sollte ein so

junger Nichtmilitarist, wie ich einer war, auch wissen, dass sich Soldatenehre auf so ferne Bezirke wie Salzheringe erstreckt.

*

Zu der Zeit, als Gustav aus Heirats- und damit verbundenen Sparabsichten unser rotes Hinterhaus verlassen hatte und in das Haus seiner Angebeteten gezogen war, was eigentlich vor einer Eheschließung nicht geschehen sollte – Bruder Erich nicht nur als strammer SA-Mann den Namen Peters in unserer Stadt verbreitete, sondern auch als aufkommender Stern am Himmel der Faustkämpfer, Schwester Patschi im Freundinnenkreis als Tänzerin von Format und großer Zukunft gefeiert wurde – und unser Karl auf geistiger Ebene das Ass des ganzen Rheinviertels, ja vielleicht der ganzen Stadt zu werden versprach, traf ich den Mönch.

Am viel besungenen Rhein herrschte Abendstimmung. Über dem Kirchlein am anderen Ufer lag ein später Sonnenstrahl. Reichlich müde vergab ein rheinaufwärts fahrender Dampfer seine letzte Kraft. Weiter stromab bimmelte eine Schiffsglocke und gab damit kund, dass es für diesen Tag genug sei und geankert werde. Noch einmal zitterte der verdämmernde Tag über dem Schieferdach des Kirchleins, da erkannte ich am diesseitigen Ufer im Umriss der schlanken, schwarz gekleideten Gestalt den Mönch. Er stand ganz allein dem Wasser zugewandt. Unbemerkt hätte ich umkehren und zwischen den Häusern der Straße am Rhein verschwinden können. Aber ich ging weiter auf die einsame Gestalt zu, die von Schritt zu Schritt verlorener wirkte.

»Guten Abend, Herr Kaplan!«, sagte ich und trat neben den Mönch. Es kam mir vor, als hätte ich ihn in seinem Brevier unterbrochen, jedenfalls wandte er mir nicht sofort das Gesicht zu.

»Manni Peters!«, sagte er dann mit seiner dunklen Stimme, der deutlichen, etwas langsamen Sprechweise, die nie meine ungeteilte Zuneigung besessen hatte.

»Oh, Manni darf ich ja nun nicht mehr sagen und Du eigentlich auch nicht mehr.«

»Das wäre erst etwas! Natürlich dürfen Sie, Sie müssen es sogar!«
Ich hatte schon zu dieser Antwort angesetzt und keines der Worte wäre scheinheilig gewesen. Aber ich blieb stumm. Heute bin ich nicht ganz sicher, ob ich verstummte, weil ich endlich eine Gelegenheit wahrnahm dem Mönch wehzutun. Was soll es sonst gewesen sein?
»Komm, marschier ein wenig mit mir zu den Weiden hinunter!«
Ganz kurz legte er die Hand auf meine Schulter.
Langsam gingen wir nebeneinander bis zum Ende des schützenden Dammes, dann den Wiesenweg, nur wenige Schritte neben dem Strom.
»Was macht eigentlich euer Sportler, dein zackiger Bruder Erich, der große Boxer? In die Kirche setzt er ja keinen Fuß mehr. Grüße ihn von mir und sage ihm, auch für SA-Männer stehe Gottes Haus immer offen!«, sagte der Mönch.
»Sie wissen das? Mit Erich und der SA, meine ich.«
»Er macht doch kein Geheimnis daraus. Vor ein paar Tagen sah ich ihn erst in seiner Uniform. Ist ein strammer Junge, euer Erich.«
»Ja, das ist er. Unser Vater weiß von der SA nichts! Und Sie dürfen Erich auch nicht verraten.«
»Nein«, sagte der Mönch, »warum sollte ich das? Möchtest du auch so stramm dahermarschieren wie dein Bruder?«
»Ich? Nein! Bei Erich ist das etwas anderes; er ist Sportler durch und durch. Ich spiele nur etwas Fußball, aber nicht im Verein. Vereine mag ich nicht, deshalb melde ich mich auch nie bei der SA.«
»Ja, ich weiß. Während der ganzen Religionsstunde hast du krumm in deiner Bank gesessen. Sobald ich von Demut, Verzicht und Unterordnen sprach, richtetest du dich augenblicklich kerzengerade auf.«
»Davon weiß ich nichts.«
»Du wusstest es auch damals nicht, aber es war so. Erich saß immer aufrecht.« Nach einer Weile fügte er hinzu: »Und das wird bei ihm auch so bleiben.«
Worüber sich Kapläne Gedanken machen. Dass sie uns von der

Kirche, vom lieben Gott und den Aposteln erzählen, ist ihre Aufgabe. Aber der Mönch war schon immer ein komischer Vogel gewesen und er hatte sich nicht geändert – passt auf, wer von seinen Schülern krumm und wer gerade sitzt. Gesagt hat er nie, ich solle nicht so krumm dasitzen.
Es war stockdunkel, als wir vom Wasser zurückkamen. Von meiner Arbeit hatte ich ihm erzählen müssen, von meinen Abenden und den Sonntagen.
»Wenn du etwas zu lesen wünschst, du weißt, unsere Pfarrbücherei ist recht vielseitig. Nicht nur Bücher, in denen von frommen Menschen oder gar Heiligen die Rede ist. Schöne Grüße zu Hause!«
»Gute Nacht, Herr Kaplan! Und Sie dürfen Sie niemals zu mir sagen!«
Beinahe lief ich nach den letzten Worten davon.

*

17)

»Wenn ich dich noch einmal aus dieser Tür kommen sehe, hau ich dir anständig die Hucke voll!«
Da – nun war mein Bruder Erich völlig verrückt geworden! Er sagte dies zu mir, als ich aus der Tür des Hauses trat, in dem die Familie Badland wohnte. Es war ein kleines, etwas verwahrlostes Haus; aber das fiel in der Straße am Rhein nicht besonders auf. Auf der unserem Haus gegenüberliegenden Straßenseite war es das letzte.
Badlands waren Juden. Auch hier gab es viele Kinder. Ich glaube sechs oder noch mehr. Zu dieser Zeit waren in dem kleinen Haus jedoch nur drei; zwei Jungs und ein Mädchen. Das Mädchen hatte den gleichen Namen wie unsere fromme Schwester, nämlich Sophie. Die anderen Badland-Nachkommen waren bereits verheiratet.
Die eisgraue Frau Badland sah man nur sehr selten. Ihre Füße wollten nicht mehr. Ich weiß nicht, welchen Vornamen der Gebieter in dem kleinen Haus hatte; jedoch muss es ein alttestamentlicher gewesen sein. Isaak hätte er heißen können. Abraham, Esau, Samson oder auch Saul; Saul besonders. Im Rhein-

viertel aber nannten ihn alle nur den alten Badland. An heißen Sommertagen schwamm er noch über den Rhein. Er soll dazu nur die frühen Morgenstunden gewählt haben. Ich selbst bin nie Zeuge seiner Ausdauer im Wasser geworden.

Dagegen sah ich ihn oft hoch zu Ross sitzen. An jedem Sonntag nach dem Pfingstfest war der alte Badland von keinem Menschen im Rheinviertel zu übersehen. Die Schützenbruderschaft 1810 feierte an diesem Tag ihr Stiftungsfest. Bei dem großen Umzug, mit viel Tschingdera-Bumbum, ritt unser jüdischer Nachbar an der Spitze des Festzuges. Er machte in seiner grünen Uniform mit den großen, weißen Rockaufschlägen, dem Federbusch auf dem schwarzen, weitkrempigen Hut, den Epauletten eines berittenen Majors und der silbernen Schnur auf der linken Brustseite eine ausgezeichnete Figur auf seinem herausgeputzten Pferd. Majore berittener Schützen werden bestimmt nur danach ausgewählt, wie sie sich an der Spitze ihrer Truppe ausmachen. Und das ist ganz gut so. Was für ein Anblick, wenn ein hutzeliges oder krummes Häuflein Mensch einen Festzug anführen würde, und dann noch hoch zu Ross.

Herr Badland und seine Familie lebten von einem Schrottgeschäft. Im Rheinviertel nannten wir es schlicht eine Lumpenhandlung. Keines jener Schrottgeschäfte, deren Besitzer nach einem Krieg zur Hochfinanz aufstiegen und auf eigener Jacht die Meere durchkreuzten. Oh nein! Ich erinnere mich noch, wie der alte Badland mit seinem Pferdefuhrwerk durch die Straßen unserer Stadt fuhr und mittels einer Schelle sein Dasein kundtat. Bei seinem Tod hat er seinen Nachkommen keine Reichtümer hinterlassen. Das weiß ich ganz genau.

Er selbst war ein bescheidener Mensch. Wenn ich mich recht erinnere, stammte er aus der Bukowina, dem nördlichen Landesteil der Moldau. Er war schon vor dem Ersten Weltkrieg an den Rhein gekommen, zu einer Zeit also, als die Bukowina noch österreichisches Kronland gewesen war. Der alte Badland sprach das Deutsche hart und mitunter überlegte er genau, wie er die Worte aneinander zu reihen hatte. Seine eisgraue Frau, so vermute ich jedenfalls, gab sich keine große Mühe von ihrer neuen Umgebung verstanden zu werden. Wozu auch; ihr Mann

und die Kinder verstanden, was sie sagte, und was außerhalb ihres Hauses geschah, kümmerte sie wenig.
Der alte Badland liebte nicht nur Pferde, sein Gesicht erinnerte auch an dieses Tier; besonders dann, wenn man ihn von der Seite ansah. Seine Augen waren dunkel und bewegten sich oft so lebhaft wie eine Roulettekugel in ihrem vorgeschriebenen Kreis. Wenn er sprach, sah ich immerzu in seine Augen. Er muss gespürt haben, dass ich ihn mochte.
Mein Vater und der Jude waren so etwas wie Freunde. Vielleicht ist das übertrieben. Jedoch gab es genug Abende, da klopfte es anders an unsere Küchentür als sonst. Lang, hart und immer im gleichen Rhythmus. Das Klopfen des alten Badland kannten wir Peters alle ganz genau. Er lachte immer, wenn er unsere Stube betrat. Immer – auch da noch, als ihm ganz sicher das Weinen näher stand. Aber davon mag ich noch nicht reden.
An den Werktagen trug unser Nachbar von der gegenüberliegenden Straße immer eine blaue Arbeitsjoppe über der braunen Manchesterhose, die kurz unter dem Knie bis zu den Schuhen von gelben Ledergamaschen verdeckt wurde. Am Wochenende, also sonnabends und sonntags, trug er einen fast schwarzen Zweireiher und sein Schuhwerk glänzte wie lackiert. War es kalt, warf der alte Badland einen dunkelblauen Tuchmantel mit braunem Pelzkragen über und auf dem Kopf saß ein steifer, schwarzer Hut, auch Melone genannt. Ob der dunkelblaue Mantel, den er an Wintertagen über dem dunklen Zweireiher trug, auch von innen pelzgefüttert war, weiß ich nicht. In diesem Gewand sah der Freund meines Vaters jedenfalls großartig aus. Ich glaube, dessen war er sich selbst bewusst; denn sein Gang war in dieser Festtagskleidung noch aufrechter und seine Freundlichkeit gegen jedermann noch betonter.
Unser Kaplan, den wir meist Mönch nannten, hatte mir zu verstehen gegeben, dass ich auf dem Weg war erwachsen zu werden und bald das »Sie« erwarten oder gar verlangen konnte. Aber der Mönch sagte Du zu mir, solange sich unsere Lebenswege kreuzten. Anders dagegen der alte Badland.
Hungrig kam ich aus dem großen Werk und bog in die Straße am Rhein ein. Der Hunger trieb meine Schritte, ich überholte

deshalb den alten Badland, der vor mir ging. Freundlich erwiderte er meinen Gruß und fügte hinzu: »Warum so eilig, junger Freund, nehmen Sie einen alten Mann mit!«
Bei dem »Sie« stockten meine Füße. Ich spürte, wie mir das Blut bis in den letzten Winkel meiner Stirn jagte.
»Nun gehören Sie zu denen, die selbst Geld verdienen. Damit beginnt ein wesentlicher Abschnitt im Leben eines jeden Menschen. Er stellt sich auf die eigenen Füße!«
»Aber deshalb müssen Sie nicht Sie zu mir sagen, Herr Badland!«, erwiderte ich. Hier sprach ich es gleich aus, im Gegensatz zu der Begegnung mit dem Mönch.
»Oh, Herr Peters, das muss ich! Ich weiß, im Rheinviertel werden alle Erwachsenen, so lange sie leben, immer Manni und Du zu Ihnen sagen. Aber das ist nicht gut, meine ich. Wenn ein junger Mensch ins Leben hinaustritt, muss ihm auch seine engere Umgebung den verdienten Respekt zollen, und das kann man hierzulande mit dem kleinen Wörtchen Sie!«
Sophie, die schöne Tochter des alten Badland, sagte weiter Du zu mir; von ihr hätte ich auch auf keinen Fall ein Sie angenommen.
Und nun wollte mir mein Bruder Erich so aus heiterem Himmel verbieten zukünftig das Haus des alten Badland zu betreten. Jetzt erst fiel mir auf, dass Erich jedes Mal unsere Küche verließ, wenn unser jüdischer Nachbar bei uns eintrat.
»Ich gehe zu Badlands, wann ich will! Das geht dich einen Dreck an! Und sei froh, dass ich kein Petzer bin. Was glaubst du wohl, was unser Vater mit dir tun würde, wenn ich ihm sagte, was du mir verbieten möchtest?« So sagte ich zu meinem starken Bruder.
»Politisch bist und bleibst du eben eine Pfeife!«, stellte Erich fest.
»Ein guter Deutscher beachtet keinen Juden! Verstehst du das?«
»Nein!«, war meine überzeugende Antwort. »Unser Vater ist bestimmt ein guter Deutscher und er freut sich immer, wenn der alte Badland zu uns kommt.«
»Unser Vater ist ein guter Deutscher? Unser Vater ist ein Rabenschwarzer und sonst nichts! Aber das verstehst du ja auch nicht.«
»Nein!«, sagte ich wieder mit der gleichen Überzeugung.

»Alle Badlands mag ich gut leiden. In diesem Fall kannst du meine Meinung nicht ändern! Und Sophie Badland ist das schönste Mädchen auf der ganzen Welt!«
»Wenn du nicht mein Bruder und so verboten dämlich wärest, würde ich dich wie einen Hund verprügeln!«
»Das probier erst einmal!«, antwortete ich gelassen, denn in der Einfahrt zu unsrem Hof stand Pfeife rauchend mein rabenschwarzer Vater.
»Wir sprechen uns noch!«, drohte mir unser Faustkämpfer, der Vater ebenfalls erspäht hatte.
Auch unsere Patschi trudelte herbei. Sie kam aus der Tanzschule, man sah es ihr an. Ganz sicher hatte sie wieder die Übungen von drei verschiedenen Gruppen mitgemacht. Unter ihren Augen lagen dunkle Ringe.
»Zum Heulen, wenn man dich daherschlappen sieht! Und so was will einmal Tänzerin werden«, konstatierte Erich, warf sich betont in seine ansehnliche Brust und ging an meinem Vater vorbei in unser rotes und unverputztes Hinterhaus. Patschi und ich folgten.
In unserer Küche erwartete uns eine Überraschung. Bruder Gustav war da. Jetzt wusste ich auch, weshalb Vater seine Pfeife in der Toreinfahrt rauchte. Auf der langen Holzbank hinter der weiß gescheuerten Tischplatte lagen Hosen, Jacken, Socken, Unterwäsche, Hemden, Pappkartons und noch mehr. Es war Bruder Gustavs Vermögen, das unsere Küche wie eine Altwarenhandlung erscheinen ließ.
»Guten Tag, Mutter!«, sagte Erich mit einem verächtlichen Seitenblick auf seinen älteren Bruder, der auf seinem alten Platz neben dem Küchenschrank nicht gerade wie ein Sieger wirkte.
Das Gesicht meiner Mutter war verweint. In ihren Augenwinkeln lagen jedoch Millionen winziger Fältchen, die mir sagten, wie glücklich sie war.
»Gustav bleibt wieder bei uns!«, erklärte sie. Es machte ihr Mühe, diese wenigen Worte hervorzubringen.
»Und was sagt Elli Biermann dazu?«, wollte Patschi wissen.
»Das ist aus!«, erklärte Gustav nur.
»Hat wohl mehr Kostgeld verlangt als Mutter, die Rote?«

»Sei nicht so eklig, Erich, und vertragt euch, wie sich das für leibliche Brüder gehört!«, tadelte unsere Mutter.
»Hab ich etwa meinen leiblichen Bruder hinausgeschmissen? Das ist gut! Jetzt bin ich ein Ekel und Gustav, der uns wegen ein paar Kröten im Stich gelassen hat, ist der gute Junge! Wie groß ist denn das Vermögen, das die Rothaarige für dich auf die hohe Kante gelegt hat?«, wandte er sich an den Heimkehrer.
»Schluss jetzt!« Das runzelige Fäustchen meiner Mutter schlug auf die Tischkante.
»Bin ja schon still, Mütterchen, aber wahr ist es! Lassen sich von den Weibern das letzte Hemd ausziehen! Männer wollen das sein!«
Gustav sagte nichts. Er tat mir aufrichtig Leid. Wir beide hatten immer zusammen gesprochen, während er bei Biermanns wohnte, wenn wir uns auf der Straße begegneten.
Edeltraud begann den Tisch zu decken. Keiner von uns Hereinkommenden hatte sie bisher beachtet. Ich stieß Erich an und zeigte auf unsere Vornehme, der lautlos Träne um Träne die Wangen herunterkullerten. Patschi bemerkte es auch.
»Warum ihr nur alle heult? Freut euch doch, dass Gustav wieder bei uns wohnt!«, rief sie.
»Edeltraud weint nicht Gustavs wegen«, erklärte die Mutter, worauf unsere vornehme Schwester Tisch Tisch und Geschirr Geschirr sein ließ und ins Nebenzimmer rannte.
»Die Liebe – die Liebe – ist eine Himmelsmacht!«, sang Erich dröhnend. Dann schlug er sich laut mit der flachen Hand an die Stirn.
»Ich sehe schon, heute Abend muss ich mit hungrigem Magen zum Boxtraining gehen. Wenn Sophie, Patschi und Manni eines Tages auch in Liebesschmerz und -hunger machen, dann ziehe ich aus! Aber bilde sich keiner ein, ich kehrte jemals reumütig zurück!« Erneut glitt sein verächtlicher Blick über Gustavs Gestalt.
Wieder einmal ein turbulenter Tag für alle Peters. Die Ereignisse jagten einander. Nicht nur, dass unser Schwager Bernd, der mit seiner Familie inzwischen eine Dreizimmerwohnung innehatte, einen kurzen Besuch machte, nur um mitzuteilen, dass er ein

weiteres Mal Vater geworden sei und meine Eltern somit ein zweites Enkelkind, ebenfalls einen Jungen, besaßen; auch der Mönch besuchte uns gleich nach dem Abendbrot.

Zum Glück hatte Sophie, die diesen Tag – abgesehen von Edeltrauds Tränen – als einen glücklichen bezeichnete, Gustavs Plunder von der langen Bank geräumt. Wir hätten sonst nicht gewusst, wo dem Herrn Kaplan eine Sitzgelegenheit zu bieten gewesen wäre.

Ich glaubte den Grund des Mönchsbesuches zu kennen. Augenblicklich kroch es heiß in mir hoch. Wenn ich auch meine Meinung über den hageren Geistlichen innerlich schon einige Male geändert hatte, meine ursprüngliche Feststellung, nach der kaum ein gutes Haar an ihm haftete, schien richtig zu sein. Kommt, um meinem Vater zu verraten, dass sein Sohn Erich der braunen SA angehörte. Ich war fest entschlossen ihn vor allen Peters dann einen Verräter zu nennen. Hatte er mir bei unserem gemeinsamen Spaziergang am Ufer des Rheins nicht Schweigen zugesichert? War denn unsere Welt so schlecht, dass man nicht einmal mehr einem geistlichen Herrn vertrauen durfte? Für den »Verräter« würde ich zwar von meinem Erzeuger furchtbare Dresche beziehen, aber musste ich mich nicht schützend vor meinen abwesenden Bruder Erich stellen? Gut, Erich hatte sich mir gegenüber am Nachmittag nicht anständig benommen und mir Prügel angedroht, falls ich weiterhin im Hause unseres Nachbarn Badland Besuche machte; aber das war eine andere Sache. Erich und ich verpetzten uns nie gegenseitig; obwohl wir uns das zu keiner Zeit feierlich versprochen hatten.

»Da finde ich ja einmal fast alle Peters vereint«, meinte der Mönch aufgeräumt.

»Ja, bis auf Erich, der lässt sich wieder das Gesicht verrammeln!«, antwortete Patschi, die bekanntlich mit allen Menschen auf vertraulichem Fuß stand.

»Erich kann was einstecken«, beruhigte sie der hagere Kaplan.

»Gustav wohnt auch wieder bei uns. Zwischen ihm und Elli Biermann ist es endgültig aus.« Unsere angehende Tänzerin fühlte sich verpflichtet den hohen Besuch mit den letzten Vorkommnissen in unserer Familie vertraut zu machen.

»Und jetzt halt den Mund!«, gebot ihr mein Vater.
»Immer ich!«, maulte Patschi, legte den Kopf in die Hände und sah den Mönch an, als wollte sie sagen: »Nun rück endlich mit dem Grund deines Besuches heraus!«
Auch meine Blicke hingen an den Lippen des Besuchers.
»Und wie geht es dir, Sophie? Macht dir die Arbeit in der Druckerei jetzt mehr Freude? Du bist doch nun schon zwei Jahre oder sind es noch mehr in dieser Stelle?«
»Ja, es gefällt mir gut«, meinte die fromme Sophie.
Ich wusste genau, sie hatte Angst davor, der Mönch würde sie nach ihrem Klosterwunsch befragen. Sie hätte dann eingestehen müssen, es liege ihr nichts mehr daran, eingesperrt zu werden, weil sie fast täglich von einem jungen Schriftsetzer bis zur Goethestraße begleitet wurde . . .
»Deine Schwester Annemarie war in deinem Alter schon Mutter«, sagte zu allem Überfluss der Geistliche zu ihr.
»Annemarie hat heute wieder ein Kind bekommen!«, konnte sich da Patschi nicht enthalten.
Gustav sagte den ganzen Abend kein Wort. Wenn Mutter in seine Nähe kam, und das tat sie einige Male völlig grundlos, berührte sie sein Haar, seine Arme oder nur Gustavs Rücken.
»Weshalb ich gekommen bin, Herr Peters«, begann endlich mein ehemaliger Religionslehrer, »wird Sie bestimmt in Erstaunen versetzen.«
Aha, jetzt kommt es, war mein erster Gedanke, während ich mich steil in meinem Stuhl aufrichtete. Mein Vater löste seine Spannung, indem er drei- oder viermal in kurzen Abständen an seiner Pfeife zog und den Qualm über die Tischplatte schickte.
»Ich weiß einen Arbeitsplatz für Sie, Herr Peters«, sprach der Mönch weiter. »Ausfüllen können Sie ihn bei Ihrer Geschicklichkeit bestimmt, nur . . .« Hier zögerte der geistliche Herr.
»Nur?«, ermunterte ihn mein Vater.
»Nur weiß ich nicht, ob Ihnen der Posten zusagt.«
»Wer kann sich heutzutage schon seine Arbeit aussuchen?«, entgegnete unser Familienoberhaupt verdrossen. »Also wo und was?«
»Im Städtischen Krankenhaus ist der Hausmeisterposten zu

vergeben. Der Verwalter fragte mich nach einem geeigneten Mann, da dachte ich an Sie. Wenn Sie wollen, Herr Peters, Sie können sich gleich morgen vorstellen und anfangen.«
Sicher bin ich nicht, ob Freude meines Vaters Herz schneller schlagen ließ. Aber ablehnen, in dieser Zeit? In unserer mittelgroßen Stadt gab es einige tausend Männer, die selbst einen Hausmeisterposten wie diesen mit beiden Händen ergriffen hätten.
Die Aussicht, mein großer Vater würde fortab Hausmeister in einem Krankenhaus sein, machte auch mich nicht froh. Kompagnon in einer Hundedressuranstalt, das ging; aber Hausmeister? Da war Franz Steinmann etwas Besseres eingefallen mit seinen Heringen. Das Geschäft hatte sich nicht schlecht angelassen. Der Seemann gab sich große Mühe. Auch seine schwarze und immer noch hübsche Frau spannte er tüchtig ein. War er mit seinem hochräderigen Handkarren unterwegs – er lieferte kleinste Mengen frei Haus –, musste sie im Schuppen unseres Hofes die Heringe aus den Fässern herauspulen und sortieren. Jeden Hering musste sie einzeln in der Hand herumdrehen, auf appetitliches Aussehen achten, auf Fäulnisstellen überprüfen und erst dann nach Größe in die kleineren Holzbottiche sortieren, aus denen Franz die eingesalzenen Meeresbewohner an seine Kundschaft verkaufte. Preis nach Größe und Qualität. Der ehemalige Seefahrer machte aus dem Inhalt eines jeden Fasses erste, zweite und dritte Sorte Salzheringe. Er entwickelte einen gewaltigen Eifer und wahr ist, wer Heringe der ersten Sorte bei ihm einkaufte, war nicht betrogen. Sein gutes Recht, wenn er dafür pro Stück drei oder vier Pfennige mehr verlangte als für die nachfolgenden Sorten, an denen er immer noch verdiente.
Meine Befürchtung, der Heringshändler würde unser rotes und unverputztes Hinterhaus mit halb verdorbenen und stinkenden Heringen überschwemmen, ging nicht in Erfüllung. Keine der hier überdachten Familien zog den geringsten Vorteil aus dem Fischhandel. Uns half nicht einmal der Umstand, dass unser Erich und der ehemalige Seemann dem gleichen SA-Sturm angehörten.
Aber wir Peters benötigten derartige Wohltätigkeiten auch

nicht mehr. Abgesehen davon, dass Gustav wieder bei uns wohnte, Erich bei seinem nationalsozialistischen Brötchengeber auch als Geselle weiterbeschäftigt wurde, Sophie und ich wöchentlich ein paar Mark zu dem großen Haushalt beisteuern konnten und nun auch Vater Peters die Schlange der Arbeitslosen vor dem Arbeitsamt verlassen hatte, gab es ja noch unsere Hühnerfarm.

Wir Peters nannten die etwa dreißig Hühner so, weil Vater ja schon seit Jahren vom Aufbau seiner Hühnerfarm sprach und uns dieser Ausdruck in Fleisch und Blut übergegangen war. Wir hätten das Wort Hühnerfarm auch für eine einzige Henne angewandt. In dieser Zeit gab es bei uns täglich Eier. Wer es über sich brachte, wie mein Vater, Erich und Patschi, durfte sogar zu jeder Tageszeit nestwarme Eier austrinken. Mir und den anderen unserer Familie genügte es, wenn wir zum Frühstück Ei gekocht, zu Mittag gespiegelt und zum Abendbrot gerührt bekamen. An Salzkartoffeln und sauren Gurken isst man sich lange nicht so schnell über wie an Eiern.

An dem Abend, da Gustav heimgekehrt war und mein Vater den Hausmeisterposten angenommen hatte, rechnete mein Bettgenosse, Oberschüler Karl Peters, aus, was fortab, wöchentlich, monatlich, jährlich und im Laufe von zehn Jahren bei uns an Geld einkommen werde. Es war eine imposante Summe und Karl hatte sie im dunklen Schlafraum im Kopf ausrechnen müssen. Nach dieser Rechnung war mir um die Zukunft nicht mehr bange.

»Das musst du morgen Mutter vorrechnen!«, trug ich meinem Bruder eindringlichst auf. Warum sollte nicht auch sie aller Sorge enthoben werden! Wie ich Mutter kannte, hatte sie darüber nicht nachgedacht, geschweige denn gerechnet. Zu Letzterem hatten wir ja schließlich auch unseren Oberschüler.

Von diesem, meinem Bruder Karl, wurde bisher wenig berichtet. Altersmäßig rangierte er ein starkes Jahr hinter mir. Wenn man von der Farbe der Augen absah, war Karl das Ebenbild unseres Vaters. Außerdem war und blieb er das Ass der Familie Peters. Bruder Karl besuchte das Gymnasium. Er war Klassenprimus. Keiner von der unangenehmen Sorte, das hatte unser Karl nicht nötig. Wo er auftauchte, erregte er Erstaunen und Bewunderung; aber das ließ ihn völlig kalt. Karl Peters war der einzige Junge aus dem Rheinviertel, der bisher eine Freistelle auf dem Gymnasium bekommen hatte. Wir waren alle sehr stolz auf dieses Familienmitglied.

Karl war ein Wunderkind. Was das Erstaunlichste ist: Er blieb beides, ein Wunder und ein Kind. Mit ihm konnte keiner einen Streit vom Zaun brechen, weder Erich noch Edeltraud; Gustav nicht und auch nicht unser selbstherrlicher Schwager Bernd. Ich kann mich nicht erinnern, dass Vater oder Mutter jemals mit Karl geschimpft hätten. Mein Bruder kannte nur ein Ziel, nämlich Arzt zu werden, um seinen leidenden Mitmenschen helfen zu können.

Ihren Herrn und Gebieter bekam die Familie Peters kaum noch zu Gesicht. Er ging ganz früh aus dem Haus. In unseren Krankenanstalten beginnt der Dienst bekanntlich um fünf Uhr früh mit Fiebermessen. Das wissen besonders die Patienten zu schätzen, die eine Stunde zuvor zum heiß ersehnten Schlaf gefunden haben und völlig fieberfrei sind. Der Verdienst meines Vaters war nicht hoch; obwohl seine Anwesenheit auf der neuen Arbeitsstelle oft bis zum späten Abend erforderlich war.

Wenig erfreut war Edeltraud über die Aufgabe, die sie bei Vaters Dienstantritt im Krankenhaus übernehmen musste. Die Versorgung unserer dreißig Hühner lag nun in ihren Händen. Sie beklagte sich bitter. Sobald sie den Hühnerpark betreten musste, tänzelte sie auf Zehenspitzen und achtete sorgfältig darauf, wohin sie ihren Fuß setzte. Dreißig Hühner legten nicht nur Eier.

Dieses Getue hatte zur Folge, dass ihr wenigstens einmal wöchentlich die Schüssel aus der Hand fiel. Ungeschickte Menschen haben nach meinen Beobachtungen nur Vorteile im Leben. So auch Edeltraud. Diese ihr unangenehme Arbeit wurde ihr nach etwa einem Gros zerdepperter Eier entzogen und der geschickteren Patschi übertragen.

*

»Mich trifft der Schlag – und das sagst du uns erst heute?«, staunte unser großer Vater.

Gemeint war die fromme Sophie. In aller Heimlichkeit hatte sie sich an ihrem einundzwanzigsten Geburtstag verlobt.

»Morgen stelle ich euch meinen Verlobten vor. In sechs Wochen treten wir vor den Traualtar. Vor einem Jahr ist die Mutter meines Verlobten gestorben und in den verlassenen Haushalt gehört wieder eine Frau!« Diese Erklärung fügte Sophie noch hinzu.

»Du musst es wissen! Großjährig bist du und auch vernünftig genug für einen Ehestand«, sagte unser Vater.

»Wegen einer Aussteuer brauche ich ja nicht zu fragen.«

»Nein!«, erklärte unser Familienoberhaupt. »Aber du kannst von jetzt ab deinen Lohn behalten; was deiner Mutter schwer genug fallen wird.«

»Wozu denn eine Aussteuer? Du legst dich doch in ein gemachtes Bett?« Missbilligend schüttelte Erich seinen Kopf.

Der Bräutigam unserer Sophie war ein netter Junge. Bei seinem ersten Besuch in unserem roten Hinterhaus war er zwar recht still, taute aber bald auf. Meine fromme Schwester und er hatten sich sehr lieb. Sie saßen eng nebeneinander auf unserer Holzbank und hielten sich die Hände. Dass Sophie die zweite von allen Peters werden würde, die zum Traualtar schritt, war uns lange unbegreiflich. Aber es geschah.

Von einer Hochzeitsfeier merkten wir nicht viel. Sophie und ihr eben angetrauter Ehemann fuhren unmittelbar nach der Trauung in den Westerwald. Hochzeitsreisen waren bei armen Leuten damals noch wenig üblich. Meine Mutter fand es großartig. Jedem, der es hören wollte oder nicht, erklärte sie, ihre Tochter befinde sich auf der Hochzeitsreise. Zum Entgelt für Unterkunft und Verpflegung half Sophies Mann einige Tage auf dem kleinen Hof eines Verwandten; dann kamen unsere Hochzeiter zurück.

»So eine Hochzeitsreise muss himmlisch sein!«, schwärmte unsere verrückte Edeltraud. Nach dieser Feststellung folgten Tränen und die Erklärung, ihre Hochzeitsreise hätte bestimmt nach Spanien oder Italien, vielleicht sogar nach Ägypten geführt, wenn sie in Horst Strecker nicht einem so gemeinen Lumpen in die Hände gefallen wäre. Diese letzte Tatsache milderte sie durch den Einwand, alles wäre gut geworden, wenn sie nicht das Unglück hätte einer Familie anzugehören, die in einer wenig angesehenen Straße und dazu auch noch in einem unverputzten Hinterhaus wohnen müsse.

Schön war das Verhalten des Studenten Horst Strecker, dessen Vater Direktor in einem weltweit bekannten Unternehmen war, wirklich nicht. Unsere vornehme Schwester kümmerte ihn nicht mehr. Weilte er in der Stadt, saß neben ihm in seinem roten Sportauto fast jedes Mal ein anderes Mädchen. Kein Wunder, denn er war zu dieser Zeit der einzige junge Mann unserer Stadt mit eigenem Auto. Die Mädchen neben ihm waren meist Töchter einfacher Arbeiter. Selbst Schwiegersohn Bernd, nun Vater von zwei Söhnen, verurteilte den Lebenswandel des Studenten, was ich ihm allerdings nicht abnahm. Hätte er doch unsere arme Annemarie mit ihrem Kind sitzen lassen, wenn sein Vater nicht die Heirat verlangt hätte. Er war der Letzte, der ein Recht dazu besaß, über den Studenten den Stab zu brechen.

*

19)

Mein Bruder Erich verfügte über Qualitäten, die jedem normal empfindenden Menschen nicht nur imponieren, sondern auch Achtung abringen. Erich war stark, ausdauernd, mutig, grundsatzbewehrt, zielstrebig, Nichtraucher und Alkoholgegner, vaterlandstreu, fleißig, geschickt, verlässlich, außerdem fühlte er sich gegenüber der Gemeinschaft, der er angehörte, voll verantwortlich. Das alles zusammen ist gewaltig. Trotzdem sagte eines Tages mein Vater zu diesem meinem Bruder, er sei ein Idiot.

Das war ein Tag! Nicht nur für unsere Familie und die Menschen in unserem roten und unverputzten Hinterhaus in der Straße am Rhein, sondern für eine ganze Welt. Es war der 30. Januar 1933. Am Morgen war alles wie an jedem anderen Tag auch; aber am Abend! Franz Steinmann, ehemaliger Seemann und späterer Heringshändler, beendete schon gegen Mittag seine Tätigkeit. Zuvor jedoch gab er seiner Frau, der schwarzen Polin, den Befehl, drei Fässer mit Salzheringen in dem zugigen Schuppen auszuleeren und zu sortieren, obwohl das arme Weib heftig erkältet war. Dieser Umstand beweist, dass Franz nicht daran glaubte, nun aller Sorgen ledig zu sein, wie es viele SA-Männer an diesem Tag annahmen.

Auch unser Erich kam zeitiger als sonst von seiner Arbeitsstelle. Sein Chef, bis zu diesem Tag nationalsozialistischer Abzeichenträger unter dem Rockaufschlag, ließ die Arbeit in seinem Handwerksbetrieb zwei Stunden früher ruhen. Zu seiner Ehre sei gesagt, er brachte seiner Fünfmannbelegschaft die Stunden nicht in Abzug. Erichs Arbeitgeber gehörte zu denen, die ab sofort um öffentliche Aufträge nicht mehr zu betteln brauchten. Mein politisch so glücklich orientierter Bruder kam nicht gleich in unsere Küche, als er das Haus betrat, sondern klopfte zuerst an die Tür von Franz Steinmann.

»Heil Hitler, Kamerad!«, rief er überlaut. Dann lagen sich Franz und mein Bruder Erich in den Armen. Franz, der seine Tierliebe von Brieftauben auf Salzheringe übertragen hatte, schmückte bereits das Braunhemd und die braune Stiefelhose. Sein unappetitlicher Schmerbauch war fast ganz verschwunden. Kein Wunder, wenn man Tag für Tag einen beladenen Karren durch die Stadt schiebt. Nach einer knappen halben Stunde verließ Erich die Wohnung des Seemannes wieder, in der er seine bisher geheim gehaltene Uniform aufbewahrte. Sein höchster Führer war an diesem Tag Kanzler des deutschen Volkes geworden. Nun musste auch unser Vater diese Uniform nicht nur anerkennen, sondern auch respektieren. Erich sah keinen Grund mehr sie fortab weiter vor den Mitgliedern unserer Familie zu verstecken. Auffordernd knallten seine stiefelbewehrten Füße auf die erneuerungsbedürftigen Dielen des Flures.

Die in unserer Küche anwesenden Mitglieder der Familie Peters zuckten zusammen, als die Türklinke herunterknallte, ohne dass jemand höflich angeklopft hatte. Dann flog die Tür nach innen auf und in ihrem Rahmen stand unser brauner Erich; nur seine Stiefel glänzten tiefschwarz. Mit kräftigem Griff umspannte die Linke den Knauf eines Dolches. Erichs rechter Arm flog ausgestreckt in Augenhöhe: »Heil unserem Führer Adolf Hitler!«, donnerte er unsere friedliebende Familie an und weiter: »Und wir haben doch gesiegt!«

Ein Erdbeben hätte auch nicht mehr Erschrecken bei uns allen auslösen können. Unser sportlicher Bruder sah nicht schlecht aus in seinem neuen Gewand, das muss man sagen. Seine kräftige Brust wölbte sich unter dem Braunhemd noch tatendurstiger als an gewöhnlichen Tagen.

Gegen Uniformen war mein guter Vater allergisch. Das gibt es nicht nur bei Menschen, sondern auch bei Tieren. Briefträger zum Beispiel sollen von friedfertigen Hunden angefallen werden; ebenso Polizeibeamte. Johannes Peters, unser Familienoberhaupt, wurde nicht nur blass, sondern rot, grün und gelb in schnellem Wechsel. Das kommende Unheil verschlug uns allen die Sprache. Auch unserem forschen Bruder Erich, denn abgesehen von den erwähnten beiden Sätzen blieb er stumm.

Unser Vater stand auf. Sein Gesicht war zu einer Fratze verzerrt, wie ich es noch niemals an ihm beobachtet hatte. Er sah aus, als sei er plötzlich von einer ungewöhnlich schmerzhaften Gallenkolik befallen worden. Meine Mutter wollte ihm die Arme zu einer bittenden Gebärde entgegenstrecken, aber sie fielen der Ärmsten kraftlos in den Schoß zurück. Stumm, jedoch furchtlos stand unser Erich seinem Erzeuger gegenüber.

Es waren schreckliche Minuten – oder auch nur ganz wenige Sekunden für uns alle. Da hob mein Vater die Hand. Erich, was wird er jetzt tun?, durchzuckte es mich. Er trägt einen Dolch! »Ein rechter Mann muss eine Waffe tragen!«, oder so ähnlich hatte er einmal zu mir gesagt. Die Küchentür stand noch immer weit offen.

»Du Idiot!«, sagte da mein Vater, stieß seinen braunen Sohn von der offenen Tür fort und ging an ihm vorbei aus dem Haus. Die Flurtür schmiss er krachend hinter sich zu.

»Und nun?«, hauchte meine arme Mutter.

»Nun wird es allen Deutschen bald besser gehen! Du wirst sehen, Mutter, auch unser Vater wird erkennen, dass Adolf Hitler, der Führer, unsere Nation zu neuer Blüte führen wird!«

»Vater hat Recht, du bist ein Idiot!«, fühlte sich Gustav berufen festzustellen.

Erich, der seinen ältesten Bruder verachtete, sagte nur mitleidig: »Scheißkerl!«

Damit war vorerst die nationalsozialistische Revolution innerhalb der Familie Peters beendet.

»Ich muss schnell etwas essen! Punkt sechs Uhr muss ich auf dem Marktplatz antreten!«, forderte unser SA-Mann.

»Dann zieh dich anständig an«, verlangte Mutter. »Wenn unser Vater zurückkommt und dich noch immer in dem braunen Zeug sieht, erwürgt er dich zum Schluss doch noch.«

»Er wird sich an das Braun gewöhnen müssen!«

»Vater weiß doch längst, dass du in der SA bist«, meinte Patschi, die wir mehr und mehr Elfriede nannten. Wie eine Patschi sah sie wirklich nicht mehr aus, unsere Künstlerin und unser Glückskind, wie wir damals alle glaubten. Sechzehn war sie inzwischen geworden, groß und schlank, mit einem ewigen Lächeln um den etwas herben Mund, zu dem die großen braunen Augen mit ihrer Wärme einen selten reizvollen Gegensatz bildeten. Nicht nur die Jungs im Rheinviertel verdrehten die Augen, wenn sie diese unsere Schwester sahen.

Immer noch konnte ihr kein Mensch böse sein. Selbst mit den jungen Burschen unseres Viertels, die mit guten Manieren nicht überreichlich ausgestattet waren, kam unsere Elfriede glänzend aus. Ihr wagte keiner von ihnen dumm zu kommen, wie man sich hier ausdrückte. Sofort hätte er seine besten Freunde zu seinen Feinden gemacht. Und in der Straße am Rhein herrschten raue Sitten. Die Fäuste, meist tief in den Taschen vergraben, schlugen verdammt schnell zu.

Um noch einen Augenblick bei Patschi zu verweilen, sie war bereits verschiedentlich in der benachbarten Großstadt aufgetreten und es war nur noch eine Frage ihres Alters, dann war ihr ein festes Engagement sicher.

»Wer hat das mit der SA verraten?«, fragte Erich und sein Stahlblick lag auf mir.

»Du glaubst – ich?« Empörung lag in meiner Stimme. Schon die leiseste Vermutung, ich hätte mit meinen Eltern auch nur einmal davon gesprochen, empfand ich als schwere Beleidigung. Auch Erich spürte meinen gerechten Zorn.

»Nein, so etwas tust du nicht!«, lenkte er ein.

»Jeder Mensch im Rheinviertel weiß es doch. Vater und ich

haben dich auf dem offenen Lastauto gesehen, als ihr brüllend durch die Stadt gefahren seid«, erklärte Elfriede.

»Ach, im Wahlkampf. Das kann sein. Aber wir haben nicht gebrüllt, sondern die Wähler aufgeklärt und wachgerüttelt! Nun wird Deutschland endlich von allen Bonzen und Schmarotzern befreit werden! Heute habt ihr ja erlebt, dass unser Gebrüll, wie ihr sagt, geholfen hat! Der Sieg ist unser! – Und nun gib mir endlich was zu essen, Mutter! Ich muss zum Appell! Heute gehören die Straßen in allen Städten Deutschlands den braunen Bataillonen! Ich schätze, Franz Steinmann wird zum Scharführer befördert.«

»Und du, was bist du denn in dem Verein?«, fragte Patschi.

»Verein? Merk dir ein für alle Mal, wir sind kein Verein, sondern ein schlagstarker Kampfverband; wir sind eine verschworene Gemeinschaft von Idealisten! Unser Leben ist Deutschland und dem Führer verschrieben! Wenn Heinz Kern heute Sturmführer wird, dann bin ich der neue Fahnenträger. – Unsere Fahne ist mehr als der Tod!« Den letzten Satz schmetterte Erich aus seiner breiten Brust in unsere Küche.

Dann verdrückte der Junge im Eiltempo ein halbes Brot, goss einen Liter Malzkaffee in seinen Bauch und setzte seine Mütze auf. An der Tür verabschiedete er sich mit den gleichen Worten, mit denen er sich an diesem 30. Januar 1933 in seiner braunen Uniform bei uns vorgestellt hatte.

Von diesem Tag ist noch zu berichten, dass sich Herr Sartorius nicht außerhalb seiner Wohnung sehen ließ. Herr Sartorius war nämlich Kommunist. Wie wir später erfuhren, hatte er wegen dieser seiner Weltanschauung nicht nur seine Arbeitsstelle verloren, sondern auch im Gefängnis gesessen. In Aachen, wo er gewohnt hatte, bevor er mit seiner Familie in das Hinterhaus am Rhein eingezogen war, spielte er in der Kommunistischen Partei eine führende Rolle. Er war so fanatisch, dass er nicht einmal vor einer Geldunterschlagung zurückschreckte, um sich Mittel für den örtlichen Wahlkampf zu beschaffen. Von der Vergangenheit dieses Mannes wusste im Rheinviertel nur Franz, der Seemann, der an diesem Tag wirklich befördert wurde.

20)

*

Mein Fleiß im Büro für Rechnungseingänge des Großbetriebes wurde dadurch belohnt, dass man mich zu einem Angestellten machte. Als ich die diesbezügliche Urkunde meiner Familie präsentierte, waren alle sehr stolz, besonders unsere Mutter. Nur in mir sah es eher nach dem Gegenteil aus. Der Gedanke, ein Leben lang in einem Büro zu sitzen, machte mich einfach nicht froh. Patschi, mit künstlerischem Feingefühl ausgestattet, erfasste meinen Zustand, obwohl sie mich sehr wenig kannte. Wie hätte sie sonst sagen können: »Wenn es dir in einem Büro auf die Dauer nicht zusagt, solltest du auch der SA beitreten. Einer unserer Bühnenarbeiter ist jetzt hauptamtlicher SA-Führer. Seine Kollegen haben erzählt, er verdiene nun mehr als das Doppelte.«

»Da seht ihr, wie die Bewegung Treue und Opfer ihrer alten Kämpfer belohnt.« Stolz verkündete es Erich.

»Siehe Robens«, mischte sich Gustav ein. »Er trägt das gleiche Rangabzeichen wie du und ist eben erst eingetreten.«

»Das stimmt nicht! Kamerad Robens ist schon vor der Machtübernahme zu uns gekommen«, wehrte sich Erich halblaut. Aber er wusste wie wir, dass Franz, der Seemann, seinem Hausgenossen Robens dazu verholfen hatte, als so genannter »alter Kämpfer« anerkannt zu werden.

21)

*

In den letzten Märztagen des Jahres 1933 gelang es meinem gerecht denkenden Bruder nicht mehr, seinen wachsenden Groll für sich zu behalten.

»Ich bin einer der besten Kleinkaliberschützen unseres Sturmes«, sagte er zu mir.

»Und du bist Zweiter geworden in den Boxkämpfen um die Gaumeisterschaften«, sprach ich weiter, »außerdem planmäßiger Fahnenträger. Dazu können sie noch lange nicht jeden nehmen.«

Oh, ich hatte allen Grund auf meinen Bruder, mit dem ich immer

mehr auch zu einem großartigen Freund zusammenwuchs, stolz zu sein.
»Das ist es ja, was mich so ärgert! Aber ich kann eben keine Witze erzählen und um unsere Führer herumscharwenzeln«, meinte er bitter.
»Gehört das auch zum SA-Dienst? Ich denke, in dem Verein zählen nur Eigenschaften, wie du sie besitzt?«
»Ich sage nur Robens. Kommt auf Schleichwegen zu uns und ist nach zwei Monaten im gleichen Dienstgrad wie ich. Und wie lange marschiere ich schon?«
»Das muss man ihm lassen, Witze erzählen kann Robens prima. Woher er nur dauernd neue weiß!«
»Aus der ›Wacht am Rhein‹! Und Mädchen besorgt er den Kerlen bei uns auch von dort! Mädchen sage ich, du weißt ja, welche Sorte Weiber ich meine. Und ausgerechnet mit Robens bin ich für Samstag zum Sondereinsatz eingeteilt.«
»Ist wieder eine geheime Versammlung der Kommunisten verraten worden?«, fragte ich gespannt.
»Nein«, antwortete Erich finster, »da würde ich mit Freuden mitmachen! Die Kommune rührt sich nicht mehr in unserer Stadt. Der haben wir vor vierzehn Tagen restlos das Genick gebrochen! Diese Brüder wollen uns dem Bolschewismus ausliefern; dagegen muss jeder anständige Deutsche mit allen Mitteln kämpfen. Diesmal ist etwas gegen die Juden geplant. Wenigstens läuft diese Parole in unserem Sturm. Den ausführlichen Einsatzbefehl bekommen wir erst morgen Abend oder Sonnabend früh. Dass du mir ja die Schnauze hältst, das sind Parteigeheimnisse!«
»Wem wollen uns denn die Juden ausliefern?«, wollte ich wissen.
»Das ist es ja eben! In der Judenfrage ist das deutsche Volk viel zu wenig aufgeklärt. Viel weiß ich auch nicht darüber. Jedenfalls hat das internationale Finanzjudentum den Weltkrieg verschuldet und ist immerzu bestrebt die Völker gegeneinander aufzuhetzen. Im Krieg machen die Juden die besten Geschäfte!«
»Ich glaube nicht, dass der alte Badland von gegenüber gern einen Krieg hätte. Sophie schon gar nicht«, warf ich ein.
»Da haben wir es wieder! Wir Deutsche sind zu leichtgläubig! In

jedem Juden, und wenn er sich noch so harmlos gibt, steckt ein Feind der nordischen Rasse!«
»Nordische Rasse«, lachte ich, »stell unsere Sophie neben Badlands Sophie. Kein Mensch, der es nicht weiß, kann sagen, wer von den beiden die Jüdin ist und wer nordischer Rasse!«
»Oh, Manni!«, stöhnte mein Bruder, »wie bist du nur mit so wenig Verstand Angestellter eines Weltunternehmens geworden?«
»Rassenfragen waren bei meiner Prüfung nicht zu beantworten.«
Am darauffolgenden Samstag, dem 1. April 1933, warf sich mein Bruder Erich schon sehr früh in seine braune Kluft. Keinem von uns verriet er – weshalb.
Gegen Mittag dieses Tages kam unser Vater nach Hause. Johannes Peters, unser großer und starker Vater zitterte. Er vermochte kaum seine Pfeife in Brand zu setzen.
»Ich kann nicht essen!«, stöhnte er vor unterdrückter Wut und schob den Teller auf die Tischplatte zurück.
»So eine Schande! – So eine Schande!«, knirschte er verzweifelt.
»Edeltraud!«, brüllte er dann. »Wo ist Edeltraud?«
Voller Schreck eilte die Gerufene aus dem Nebenzimmer herbei.
»Sofort packst du alles zusammen, was Erich, diesem Lumpen, gehört! Schmeiß es auf den Flur oder auf die Straße! Diese Wohnung darf er nicht mehr betreten; nie mehr!«
»Johannes, was ist? Was hat der Junge denn getan?«, rief bestürzt unsere Mutter.
»Der Faulenzer Robens und Erich, unser Erich, stehen in ihrer braunen Halunkenuniform vor Sterns Laden und lassen keinen Menschen in das Geschäft hinein! Auf dem Schaufenster steht groß JUDE! Totschlagen müsste man die Kerle!«
»Sie haben den Befehl bekommen, Vater! Was sollten sie denn anders tun? In der SA ist Gehorchen oberstes Gesetz!«, wollte ich mich schützend vor meinen Bruder stellen.
»Wenn ein Funken Anstand in ihm steckte, hätte er ihnen bei diesem Befehl die Uniform vor die Füße geschmissen! Und dieser schmutzige Robens! Im Vorjahr hat er noch einen Mantel bei Stern gekauft und wetten möchte ich, bis heute ist nicht die Hälfte daran abgezahlt. Es ekelt mich vor diesen Kerlen!«
Unser Vater sprang auf und rannte hinaus.

»Geh ihm nach, Manni, er macht sich unglücklich! Du weißt, wenn Vater wütend wird, verliert er den Verstand!«
Mutters Bitte war unmöglich abzuschlagen. Vor mir ging barhäuptig und mit langen Schritten mein Vater. Er sah sich nicht um und rannte quer über die Straße zu dem kleinen Haus des Juden Badland hinüber. Vor dem Hauseingang standen ebenfalls zwei SA-Männer. Auf dem geschlossenen Hoftor stand in kräftiger, weißer Aufschrift »JUDE«! Die Vorhänge an den Fenstern waren allesamt zugezogen.
Als unser Vater sich der Haustür näherte, stellten sich die beiden SA-Männer nebeneinander und versperrten so den Eingang. Aber sie hatten nicht mit dem Zorn von Johannes Peters gerechnet und mit seiner Kraft.
»Noch gehe ich, wohin ich will!«, rief mein Vater. Er schob die beiden Männer einfach zur Seite. Bevor sich die Uniformierten von ihrer Überraschung erholt hatten, war er im Haus des alten Badland verschwunden. Einem der Wachposten schien dieses Vorgehen gegen die Ehre. Er machte Anstalten meinem Vater zu folgen. Aber der andere hielt ihn zurück. Ich hörte so etwas wie »Vater von Peters, unserem Fahnenträger. Die Alten kommen eines Tages auch zur Vernunft!«.
Lange hielt sich mein Vater im Hause Badland nicht auf. Unbeachtet ließ er die beiden Posten, zögerte einen Augenblick, als er die Straße betrat, die er dann mit gleich langen Schritten wie zuvor hinabging. Ich folgte ihm auch diesmal.
Wenn er nur nicht in die Hauptstraße einbiegt, wünschte ich ihm, Erich und auch mir. Gott sei Dank, er nahm den Weg zum Rhein. Ich sah ihn noch über den Damm hasten und die Böschung hinunter auf den Wiesenweg, den ich einmal mit dem Mönch gegangen war.
»Das ist gut!«, atmete Mutter auf. »Da läuft er seinen Zorn aus. Dass unser Erich auch so etwas mitmacht!«
»Soll ich wirklich seine Klamotten auf den Flur hinausschmeißen?«, fragte Edeltraud.
»Bist du auch verrückt geworden? Wo soll er denn hin, der arme Junge?«
Für meinen nationalsozialistischen Bruder verlief dieser Tag so:

Als Erich davon erfuhr, dass er vor dem jüdischen Geschäft Stern mit seinem Sturmkameraden Robens Posten zu beziehen habe, sagte er seinem Sturmführer, er und Robens seien für dieses Kaufhaus nicht die Richtigen, weil Robens und auch wir bislang Kunden dieses Geschäftes gewesen seien.

»Dann seid ihr genau die Richtigen! Diese Untermenschen sollen erfahren, dass es für sie in Deutschland keine Freunde mehr gibt! Und, Peters, merken Sie sich: Befehl ist Befehl!« So Erichs Sturmführer.

Bis gegen Mittag schien alles nicht so schlimm, wenigstens nicht für Erich und seinen Nebenmann Robens. Nur wenigen Kauflustigen mussten sie die Absicht, den jüdischen Laden aufzusuchen, ausreden. Und nur ein Einziger betrat trotzdem das Geschäft.

Dann stand plötzlich der Mönch vor meinem uniformierten Bruder.

»Oh, Herr Kaplan!«, staunte Erich.

»Guten Tag, Erich, wie geht es zu Hause?«

»Wie immer. Was soll es Neues geben?«, redete Erich in seiner Verlegenheit dahin.

»Schöne Grüße!«, sagte der Mönch und wollte an Erich und SA-Mann Robens vorbei das Kaufhaus Stern betreten.

»Bleiben Sie besser heraus aus diesem Laden!«, sagte Robens.

»Warum?«, meinte der Mönch freundlich.

»Sie wissen so gut wie jeder in der Stadt, dass es sich um ein jüdisches Geschäft handelt!«, trumpfte Robens auf.

»Natürlich weiß ich das!«

»Es wundert mich, ein katholischer Geistlicher und kauft bei einem Juden? Wollen Sie uns etwa provozieren?«

»Mein Freund«, sagte der Mönch und seine Stimme war ohne jede Härte, »hätten Sie jemals Gottes Wort verstanden, wüssten Sie, dass ein guter Christ jegliche Provokation ablehnt; seine Hauptwaffe ist Gebet und Demut. Aber dann gibt es noch die Liebe zum Nächsten, die Gott von uns Menschen erwartet. Sie ist der Hauptgrund, der mich veranlasst gerade heute meinen Freund, den Juden Stern, aufzusuchen.«

»So? Der Jude Stern ist Ihr Freund?«, fragte der schöne SA-Mann

Robens ironisch. »Merkwürdig, ein katholischer Kaplan und ein Jude sind Freunde.«

»Nicht nur Freunde, mein Lieber, Waffengefährten, Kameraden oder wie würden Sie sagen, wenn Sie zusammen mit einem Menschen mehr als zwei Jahre fast täglich dem Tod ins Angesicht geschaut hätten; die letzte Schnitte Brot geteilt und den letzten Krümel Tabak?«

»Sie und der Jude?« SA-Mann Robens lachte. Aber aus seinem Lachen hörte man heraus, dass ihm die Richtung des Gesprächs nicht sonderlich zusagte.

»Ja! Isidor Stern und ich. Zwei lange Jahre und in vorderster Front! Im Übrigen sehe ich meine Pflicht darin, unschuldig Verfolgten beizustehen. – Tun Sie die Ihre, wenn Sie sie als solche erkannt haben!«

Dann wandte sich der Mönch von den beiden SA-Männern ab. Ganz ohne Hast ging er die drei oder vier Stufen zum Eingang des Geschäftshauses hinauf. Zurück blieben der räsonierende Robens und mein Bruder, der stumm und nachdenklich geworden war.

»Eines Tages werden wir auch den Pfaffen zeigen, wer die wirklichen Herren in Deutschland sind!«

»Ich glaube an keinen lieben Gott«, antwortete darauf mein Bruder, »aber der Gedanke, ich müsste wie heute eines Tages vor der Kirchentür Posten stehen, um die Gläubigen von der Messe fern zu halten, nein, das nicht!«

»Und wenn dann ausgerechnet dein Alter in die Kirche wollte, ich glaube, sogar ich würde seitwärts verschwinden«, lachte Robens.

»Der Mönch und der Jude. Ob es stimmt, dass sie Kriegskameraden gewesen sind?«, fragte Erich seinen älteren Kameraden.

»Schon möglich, aber Helden waren sie bestimmt keine.«

»Wenn sie zwei Jahre in vorderster Front waren, sind es für mich Helden gewesen wie alle anderen auch. Beide könnten sie für Deutschland auf dem Felde der Ehre geblieben sein!«

»Könnten – sind aber nicht, leider; wenigstens im Fall Stern«, kommentierte Robens, packte den Arm einer alten Frau, holte sie von der ersten Treppenstufe zurück und sagte: »Komm,

Mütterchen, das ist ein Jude, der betrügt dich nur! Kauf deine Wolle woanders!«

»Ha – ha!«, lachte die Frau, »besser sind die auch nicht!«

Jedoch der Mut, das Kaufhaus Stern zu betreten, hatte sie verlassen.

Es dauerte mehr als eine Stunde, bis der Mönch wieder in der Ladentür erschien.

»Kopf hoch, Isi, kein Baum wächst in den Himmel!«, rief er zurück. Eine Antwort aus dem Ladeninnern kam nicht.

»Wir haben es zur Kenntnis genommen, Herr Seelsorger!«, meinte der schöne Robens hintergründig. »Und werden gelegentlich darauf zurückkommen!«

»Meine Worte und mein Tun werden an anderer Stelle gültig registriert. Dort ist es mir wichtiger«, lächelte der Mönch und ging davon.

»Gott sei Dank, da kommt unsere Ablösung!«, atmete mein Bruder auf.

Die wenigen Fragen seines Nachfolgers betreffs Boykott jüdischer Geschäfte beantwortete der SA-Mann Peters nur einsilbig. Das Vorhaben seines Kameraden Robens, zuerst der »Wacht am Rhein« einen Besuch abzustatten, kam meinem Bruder gelegen. Er musste mit sich allein sein.

Plötzlich fand sich Erich in der Kirchgasse. Am Ende der winzigen Straße stand das alte Gotteshaus. Es hatte das Werden dieser Gemeinde vom unbekannten Fischerdorf zur Industriestadt miterlebt und konnte seit Jahren die Gläubigen nicht mehr fassen. Ganz langsam ging der junge SA-Mann auf das Pfarrhaus zu, das hinter zwei mächtigen Kastanienbäumen in einem Dornröschenschlaf versunken schien.

»Du bist es, Erich, komm nur herein!«, begrüßte ihn der Mönch wie selbstverständlich.

»Sie wundern sich, dass ausgerechnet ich zu Ihnen komme, Herr Kaplan«, sagte mein Bruder. Seine Kehle war wie ausgedörrt.

»Warum soll ich mich wundern? Einmal würdest du kommen, ich kenne dich ja. Nur, dass es so bald geschehen würde und heute, damit habe ich nicht gerechnet.«

»Es ist auch nur, weil ich nicht nach Hause gehen mag«, sagte Erich.
»Fürchtest du dich vor deinem Vater? Weiß er, was du heute für einen Dienst machen musstest?«
»Jetzt weiß er es bestimmt. Aber ich fürchte mich nicht vor meinem Vater, fürchten nicht . . .«
»Mit dem anderen fertig werden ist freilich viel schwerer, besonders für einen Menschen wie dich, Erich.«
»Mit welchem anderen?«
»Mit der Scham im Herzen und mit den Zweifeln.«
»Ja, das ist es«, nickte mein Bruder. »Ist es wahr, was Sie von dem Juden Stern und von sich erzählt haben?«
Der Mönch öffnete ein Schubfach seines einfachen Schreibtisches. Dann legte er einige Bilder vor meinen Bruder.
»Hier auf dem Bild stehen Isi und ich allein. Es war am Tag, nachdem wir beide das Eiserne Kreuz I. Klasse erhalten hatten. Wir waren zwei von sechs Freiwilligen, die ein feindliches MG-Nest ausschalteten, das uns seit Tagen nicht mehr erlaubte auch nur die Hand aus dem Schützengraben zu heben.«
»Freiwillig? Auch der Jude – ich meine Herr Stern?«
»Auch der Jude Stern. Er war einer der Ersten, die sich meldeten.«
Mein stahlharter Bruder stand auf. Auch der Mönch erhob sich und fragte: »Gehst du jetzt ins Rheinviertel hinunter?«
»Ja! Ich will sehen, ob ich in der ›Wacht am Rhein‹ meinen Sturmführer antreffe!«
»Nicht heute, Erich. Du solltest erst einige Tage nachdenken«, riet der Geistliche meinem Bruder. »Ich habe es immer so gehalten, wenn es möglich war.«
»Und heute?«
»Heute stand ich vor einem jener Sonderfälle, die schnelles Handeln erfordern. Mein Gewissen befahl mir meinen bedrängten Freund aufzusuchen.«
»Ich hätte nicht anders gehandelt.«
Über das Gesicht des Mönchs glitt ein glückliches, wortloses Lächeln. Als er meinem Bruder die Hand reichte, sagte er leise: »Trotzdem, es war ein guter Tag!«
»Nein!«, sagte Erich. »Auch dann nicht, wenn der Jude Stern

der einzige Jude ist, der bereit war für Deutschland zu sterben!«

»Keine hochtrabenden Worte, mein Freund! So leicht sind wir Menschen dazu nicht bereit.«

»Aber Sie würden doch jeden Augenblick für Ihren Gott sterben, wenn es sein müsste?«, wollte mein Bruder von dem Mönch wissen.

»Ich will es für mich hoffen, Erich, aber wissen würde ich es erst, wenn die Entscheidung an mich herankäme.«

»Glauben Sie nicht felsenfest an Gott?«

»Ja, glauben schon – aber das ist auch alles.«

»Ich kann nicht an Ihren Gott glauben!«, gestand Erich.

»Ich habe es nicht von dir verlangt, Erich. Wie ich nicht verlangt habe ihn aus deinem Herzen zu verbannen. Warum quält dich die Frage nach Gott? Sorge dich nicht so sehr darum, denn du wirst ihn wieder finden. Es geschieht nicht von heute auf morgen, du hast ihn ja auch nicht über Nacht davongejagt.«

Als mein Bruder das stille Pfarrhaus verlassen hatte, sah ihm der Mönch gedankenvoll nach. Um die Zukunft und seinen Freund Isidor Stern hätte er sich nicht sorgen müssen, wenn alle, die die braune Bewegung in ihren Bann gezogen hatte, wie Erich Peters gewesen wären. – Dann hatte es der Mönch plötzlich sehr eilig, ins Rheinviertel zu gelangen.

Erich kam an diesem Abend erst spät nach Hause.

»Guten Abend!«, sagte er. »Ich dachte, ihr wäret längst zu Bett.«

»Bis vorhin hatten wir Besuch«, sagte Mutter.

»So, wer denn?«

»Der Herr Kaplan und der alte Badland.«

Erich gab keine Antwort, sondern ging in unser gemeinsames Schlafzimmer. Als er nach wenigen Minuten daraus zurückkam, trug er seinen Trainingsanzug.

»Bist du deine Uniform schon leid?«, fragte Vater.

Da antwortete mein stahlharter Bruder ganz einfach: »Ich weiß es nicht, Vater!«

»Großartig, wie sich unser Führer auf dich verlassen kann!«, bemerkte Gustav, unser Ältester.

Diesmal schüttelte nicht nur Vater den Kopf, sondern auch Erich und ich; aber keiner antwortete Gustav.
Diese Bemerkung war nicht das erste Anzeichen für die unerwartete Änderung in der Weltanschauung unseres Großen.
Für mich war es ganz klar, wer dahinter steckte: Elli Biermann. Die Beweggründe, die die Rothaarige dazu veranlasst hatten, der Nationalsozialistischen Deutschen Arbeiterpartei, kurz NSDAP, beizutreten, werden wohl für immer ein Geheimnis bleiben. Vielleicht war es die Einsamkeit, in der sie mit ihrem sehr gealterten Vater lebte.
Unsere rothaarige Nachbarin hatte eine ganze Menge von dem Dressurtalent ihres Vaters mitbekommen. Leider wandte sie diese Begabung nicht auf die treuen Vierbeiner an, sondern erprobte sie bei den Menschen. In der Bewegung erkannte man ihre Fähigkeit sehr bald und übergab ihr in der Frauenschaft eine kleine, aber ausbaufähige Rolle.
In dieser Zeit kam es zwischen Elli und meinem Bruder Gustav zu ersten, neuerlichen Annäherungsversuchen. Zwar versuchten die beiden ihr wieder aufkeimendes Glück zu verbergen, aber welchem Liebespaar gelang das in der Straße am Rhein lange. Wollte Gustav die wieder gewonnene Liebe nicht ein zweites Mal aufs Spiel setzen, musste er Ellis neu erwachten politischen Tatendrang teilen. Wie gesagt, Elli Biermann hatte nicht wenig vom Dressurtalent ihres Vaters geerbt.
Noch später als Erich kam an diesem Abend SA-Mann Robens in das Hinterhaus. Schon das Öffnen der Haustür zeigte an, dass er diesen großen Tag in der »Wacht am Rhein« gebührend gefeiert hatte. Er ging auch nicht die Treppe zu seiner Wohnung hinauf, sondern klopfte kräftig an Nachbar Steinmanns Tür. Es dauerte eine Weile, bis Franz seinem SA-Kamerad öffnete.
»Was willst du denn jetzt, mitten in der Nacht?«, hörten wir Steinmann erbost fragen.
»Mit dir und deinem lieben Weib den Sieg feiern!«, grölte Robens.
»Feier gefälligst mit deiner eigenen Alten!«, knallte Franz die Tür zu.

Dann klopfte er bei uns. Im Türrahmen erschien unser schöner Hausgenosse Robens. Sein zackig sein sollender Gruß verunglückte. Wäre Gustav nicht hinzugesprungen, der SA-Mann Robens hätte eine Bauchlandung vor unserem Küchenschrank gemacht. Die Schnapsflasche in seiner Linken wäre dabei draufgegangen.
»Lasst uns noch einen trinken!«, lallte er. »Mein Kamerad Erich und ich. Auch du, mein Freund Johannes, wenn du auch schwarz wie die dunkelste Nacht bist. Aber, Johannes, du hast Charakter! Jawohl, Charakter hast du. Und ich? Ich – ich bin ein charakterloses Schwein – ein Schwein bin ich!
Schenk aus, Mutter Peters, hier, nimm die Flasche! Du, bist die Beste aus dem ganzen Rheinviertel! Acht Kinder, Mutter Peters, ich weiß, was das heißt! Aber jetzt bin ich ein SA-Mann und euer Erich ist mein Kamerad!«
»Komm, geh jetzt schlafen«, sagte Erich.
»Nein!«, wehrte sich Freund Robens. »Ich muss dir noch etwas verraten, Johannes!« Er warf beide Arme um den Hals meines Vaters. »Du bist mein Freund! Du hast Charakter! Sie wollen dir ans Fell! Warum? Weil du mit dem Juden Badland und dem Mönch unter einer Decke steckst. Unser Nachrichtendienst ist einwandfrei! Heute Abend waren die beiden in deiner Wohnung, stimmt's? Wir erfahren alles! Auch das, was der Kommunist Sartorius treibt, mein Nachbar oben!«
»Komm jetzt! Du bist besoffen!«
Erich packte seinen Sturmkameraden ziemlich unsanft. Aber der schöne Robens wollte nicht.
»Soll ich dir die Fresse voll hauen? Aber dann stehst du vier Wochen nicht mehr auf deinen Beinen!«, zischte ihm mein Bruder ins Ohr. Das wirkte. Erich lieferte ihn im ersten Stock ab, dort polterte es noch einige Male, dann kehrte Ruhe ein in das unverputzte Hinterhaus.
»Kerle wie Robens sind nicht wert, dass sie die Uniform des Führers tragen!«, sagte Gustav, als Erich zurückkam.
»Gute Nacht!«, sagte Erich. Bevor er in sein Zimmer ging, drehte er sich noch einmal um. Am Tisch saß unser Vater, sein Gesicht hielt er in seinen Händen vergraben.
»Gute Nacht, Vater!«, sagte Erich.

»Gute Nacht, Erich!«, sagte er still.

22) *

Über Nacht stand Elli Biermann allein. Ihr Vater hatte sich ohne Aufheben davongemacht. Der Vorsitzende des Vereins Deutscher Schäferhundebesitzer lobte am offenen Grabe die vielen Tugenden des alten Biermann. Neben der weinenden Elli stand mein Bruder Gustav. Beschützend lag sein Arm auf der Schulter der schluchzenden Rothaarigen. Drei Monate später gab es in unserer Straße eine Hochzeit. Nach weiteren sechs Monaten war ich wieder einmal Onkel geworden. Elli Peters, geborene Biermann, hatte einem gesunden und, wie es den Anschein hatte, rothaarigen Jungen das Leben geschenkt. Die Eltern gaben ihrem Erstgeborenen den Vornamen Adolf. Noch mehr war in der Zwischenzeit geschehen. Unsere Patschi leitete im Rheinviertel ehrenamtlich die Gymnastik- und Tanzstunden des Bundes Deutscher Mädel, kurz BDM genannt, der lawinenartig angeschwollen war, und Gustav war Obmann des Betriebes geworden, in dem er arbeitete. Man hatte uns zugetragen, Gustav berechtige auf diesem Wege zu den größten Hoffnungen. Seine Frau wirkte aktiv in der aufkeimenden Frauenbewegung und trug stolz ihr zweites Kind. Überall gab sie davon Kunde, es bedeute ihr größtes Glück, dem Führer viele Söhne zu schenken.

Der schöne Robens hatte als einer der Ersten aus dem Rheinviertel eine Arbeitsstelle vermittelt bekommen. Wir im Hinterhaus hatten vollstes Verständnis dafür, dass ihn diese Nachricht hart traf und für länger als zwei Wochen aufs Krankenlager warf. Seine erste Tätigkeit danach bestand darin, dass er sich ein Attest besorgte, in dem ihm von ärztlicher Seite bestätigt wurde, dass er für den Dienst in der SA gesundheitlich nicht mehr tauglich sei.

Noch jemand aus dem Rheinviertel hatte von der braunen Uniform Abschied genommen. Unser Bruder Erich. Allerdings nicht aus gesundheitlichen Gründen wie der schöne Weiberheld Robens. Unser aufrechter Erich war in Unehren aus des Führers Kampfverband hinausgejagt worden. Selbstverständlich war er im Anschluss daran auch von seinem nationalsozialistischen Brötchengeber entlassen worden.

Ich war kein unwissendes Knäblein mehr, als diese Dinge in unserem Land geschahen. Mein Anschauungsunterricht war recht beträchtlich. Herr Sartorius vom ersten Stock wurde eines Morgens abgeholt. Seit Jahren spielte er in der Kommunistischen Partei keine Rolle mehr. Er wäre auch nicht auf diese Weise bestraft worden, wenn Franz, der Seemann, nicht gewesen wäre. Dieser konnte es nicht vergessen, dass Sartorius' ältester Sohn und seine liebesbedürftige schwarzhaarige Frau einander gern gesehen hatten.

Von Frau Sartorius ist nicht viel Gutes zu berichten; jedoch tat sie uns allen wirklich Leid. Nun stand sie ohne jede finanzielle Unterstützung da. Als es ruchbar wurde, wer für das Verschwinden des Herrn Sartorius verantwortlich zeichnete, sprach mein Vater kein Wort mehr mit dem Heringshändler. Erich und ich folgten diesem Beispiel.

Diesem unserem großartigen Bruder Erich galt in diesen Wochen die Sorge aller Peters, außer Gustav und Edeltraud. Der Rausschmiss aus der SA schien Erich keine große Sorge zu machen. An dem Tag aber, an dem er zu den Arbeitslosen zählte, brach sein ganzer Stolz zusammen. Er weinte. Unser starker Erich schluchzte wie ein zu Unrecht geprügelter Schuljunge.

Es ist notwendig, die Tragik um diesen Spross unserer Familie eingehender zu schildern. Unser aufrechter Erich kam nicht darüber hinweg, dass man die Verdienste des Frontkämpfers Isidor Stern auf so schändliche Art missachtete. Von dieser Stunde an war er wie umgewandelt. War er vordem noch bereit manchen Missstand in den Reihen seiner Mitkämpfer für die große Erneuerung seines geliebten Vaterlandes zu übersehen, nun war er zum hellhörigen Beobachter geworden. Seine Führer beurteilte er nicht mehr nach ihren Reden, sondern nach ihren Taten. Wo er in den eigenen Reihen ein Unrecht entdeckte, geißelte er es ohne jede Furcht. So wurde der Fahnenträger des so genannten Altstadtsturmes der SA in der jungen Industriestadt für manchen Vorgesetzten und Kameraden zu einem unbequemen Gesellen.

Die Partei der Sozialdemokraten war verboten. Einige dieser Männer, die ein Leben lang Freunde gewesen waren, trafen sich jedoch weiterhin wöchentlich zu einem Skatabend. Erichs Sturmführer hatte davon erfahren. »Dieses rote Nest räuchern wir aus!«, gab er seinem Sturm kund. »Ein Mordsspaß wird das werden. Wir lauern ihnen auf, wenn sie ihre als Skatabende getarnte, bewegungsfeindliche und verräterische Versammlung schließen. Ihr Treffpunkt liegt genau gegenüber der Gärtnerei Hansen. Dort ist eines der Gewächshäuser unverschlossen! Zufällig natürlich, versteht sich, Oberscharführer Hansen! Dort hinein mit den Burschen. Wer sich dann von den vieren nicht freiwillig selbst bis aufs Hemd auszieht, dem wird nachgeholfen! Und so schicken wir sie dann zu Muttern! Spieler müssen damit rechnen, dass man sie bis aufs Hemd auszieht!«

Erichs Sturmführer wollte sich über seinen tollen Einfall halb totlachen. Auch anderen schien es eine willkommene Abwechslung des mitunter sturen und eintönigen SA-Dienstes zu versprechen.

»Was Sie da vorhaben, Sturmführer, ist gesetzwidrig! Warum melden Sie nicht der politischen Polizei Ihre Feststellungen staatsgefährdender Umtriebe?«

»Natürlich, Scharführer Peters, wer denn sonst? Freund der jüdischen Schmarotzer und nun auch noch der roten Verräter! Langsam reicht es mir, mein Junge! Was ich vorhabe, ist die Reaktion des gesunden Volksempfindens! Was Volksempfinden in unserer Altstadt ist, bestimme ich, der Führer des Altstadtsturmes, verstanden?«

»Verstanden ja; aber diesmal mache ich nicht mit!«, antwortete mein furchtloser Bruder in gleicher Lautstärke.

»Sind noch mehr Feiglinge in meinem Sturm?«, schmetterte der Führer des Altstadtsturmes der SA. Scharführer und Fahnenträger Erich Peters war der einzige.

Von der Kanzel der alten Pfarrkirche geißelte am Sonntag darauf der Mönch das Verhalten uniformierter Horden als menschenunwürdig.

»Mit einem Gefühl des Ekels und des Abscheus distanzieren sich die Christen unserer Stadt von dieser Barbarei!«, rief er wörtlich seinen Gläubigen zu.

»Am nächsten Sonntag marschiert unser Sturm geschlossen in Uniform und mit Fahne in die Kirche! Dem Pfäfflein werden wir sein Mütchen kühlen! Haben Sie gehört, Fahnenträger Peters, geschlossen und mit Fahne!«

»Ich betrete seit Jahren die Kirche nicht mehr und werde sie in Uniform und als Fahnenträger erst recht nicht betreten!«

»Scharführer Peters, Sie sind ab sofort mit Uniformtrageverbot vom Dienst in der SA ausgeschlossen! Das Weitere wird sich finden!«

Einiges Schweigen herrschte bei Erichs Kameraden, die eine Gasse für seinen Abmarsch bildeten. Zum letzten Mal wölbte mein sportgestählter Bruder seine breite Brust unter dem Braunhemd. Über Nacht hatten die beiden noch unverheirateten Söhne des alten Badland Deutschland verlassen. Bei dieser Gelegenheit erfuhren wir Peters-Kinder erstmalig von unserem Vater, wie oft der jüdische Schrotthändler von gegenüber unserem Familienoberhaupt aus der Patsche geholfen hatte, wenn eines seiner leichtfertigen Unternehmen unsere große Familie noch böserem Hunger auszuliefern drohte. Nach dieser Eröffnung bewegte sich Erich zur Tür.

»Wohin gehst du?«, fragte ihn Mutter.

»Zu Badlands hinüber! Ich habe sie seit Jahren nicht mehr beachtet. Nicht einmal gegrüßt habe ich sie.«

»Eines Tages werden sie Erich abholen – wie den armen Sartorius von oben«, jammerte unsere Mutter.

»Lass ihn, Frau. Erich muss tun, was er für richtig hält. Er wird es nie einfach in seinem Leben haben, wenn er so bleibt.«

Das Haus der einzigen jüdischen Familie in der Straße am Rhein war von allen Häusern, in die ich als Kind Zugang hatte, das gastlichste. Ich weiß nicht, ob das auch für die Erwachsenen meiner Umgebung gültig war.

Es war eine fremde Welt – zehn oder zwölf Schritte über der Straße. Die Söhne des Hauses waren bereits junge Herren und beachteten mich kaum, wenn ich in der bedrückend engen und ziemlich lichtlosen Küche aufkreuzte.

Ein einziges Mal nur sah ich diesen Raum voller Glanz und Licht. Das war am Abend des Passahfestes, das von den Juden zur Erinnerung an den Auszug aus Ägypten gefeiert wird.

Der Tisch war festlich gedeckt; viele Kerzen brannten darauf in silbernen Leuchtern. Der Raum war gerammelt voll von Menschen. Die ganze Familie mit Schwiegertöchtern, Enkeln und sicher auch noch anderen Verwandten war versammelt. Alle waren sie festlich gekleidet; ich hatte noch nie in meinem Leben etwas derartig Feierliches gesehen.

Was mich ausgerechnet zu diesem Zeitpunkt in das Haus gegenüber geführt hatte, weiß ich nicht mehr zu sagen: Ich erinnere mich aber genau, dass ich Freude strahlend mit einem Arm voller Matzen, dem ungesäuerten Osterbrot, in das rote Hinterhaus zurückkam. An diesem jüdischen Feiertag vergaßen es die Badlands nie, uns und noch einige andere Nachbarn von ihrem Osterbrot kosten zu lassen.

Grundlos wagte ich es als Kind nie, das Haus dieser unserer Nachbarn aufzusuchen; jedoch war ich glücklich, wenn es einen Grund gab, der mein Kommen dort rechtfertigte.

Die schwarzhaarige Sophie, mit ihren großen, braunen Augen und der immer frischen Gesichtsfarbe, freute sich ganz sicher über mein Erscheinen. Auch sie war älter als ich, vielleicht drei, im Höchstfall vier Jahre. Ohne sie wäre ich wohl jedes Mal gleich nach Erledigung meines Auftrages wieder davongegangen. Aber Sophie forderte mich stets auf zu bleiben, bedeutete mir, wo ich mich hinsetzen sollte, und war meist blitzschnell mit einem Teller Gebäck zur Stelle.

Meist waren viele Menschen in dem Haus gegenüber. Noch heute, wenn ich die Redensart höre: »Hier ist ein Lärm wie in der Judenschule«, muss ich an unser Nachbarhaus denken. Nur der alte Badland vermochte sich Gehör zu verschaffen; sonst redeten immer drei oder mehr gleichzeitig.

Der Hausherr selbst war, so glaube ich heute zu wissen, von einer großen Frömmigkeit. Der Küche gegenüber war sein Arbeitszimmer. Ich weiß nur noch, dass es darin einen mächtigen Schreibtisch gab und einen riesigen Wandschrank, dessen Glastüren den Blick freigaben auf silberne Leuchter, Schalen und funkelnde Gläser. Dinge, die es damals in keinem Haus im ganzen Rheinviertel zu sehen gab.

Nur ein einziges Mal habe ich dieses Zimmer betreten, in dem ich des Öfteren den alten Badland, mit einer billigen Nickelbrille bewaffnet, über das Alte Testament gebeugt gesehen hatte. Von dieser Bibel weiß ich, dass sie in hebräischer Schrift gedruckt, alt und zerlesen war. Später, als die jüdische Familie keine oder nur noch sehr wenige Freunde in unserer Stadt hatte, erfuhr ich, dass es in diesem Haus auch ein Altes Testament in deutscher Schrift gab – damals nämlich, als der alte Badland mich aufforderte mit in sein Arbeitszimmer zu kommen. Ich kann nicht älter als neunzehn Jahre gewesen sein.

Er schenkte mir und sich selbst einen Schnaps ein. Es war einer der ersten, die ich in meinem Leben trank. Noch heute bilde ich mir ein, dass ich nie einen schärferen über meine Lippen gebracht habe. Mir gab der alte Badland die deutschsprachige Bibel, er selbst begann in der hebräischen zu blättern.

Er befahl mir bestimmte Kapitel aufzuschlagen und ich musste laut die von ihm angesagten Verse daraus vorlesen. Sie behandelten ausnahmslos das Schicksal seines gejagten und geknechteten Volkes, weissagten das Unglück, das in diesen Tagen mit Riesenschritten auf es zukam, aber auch, dass eine glückliche Zeit anbrechen werde, die eine jahrtausendalte Wanderschaft beende und die Israeliten in das Land ihrer Väter zurückbringe. Zu meiner Schande muss ich gestehen, dass mich seine Hartnäckigkeit, immer wieder ein anderes Buch der Propheten aufzuschlagen und daraus jenes Kapitel und diesen Vers zu lesen, schon recht bald ermüdete. Jedoch – ich brachte es nicht übers Herz, den alten und sicher schon verzweifelten Mann erkennen zu lassen, dass seine Sorgen nicht die meinen waren.

Es war Mitternacht, als mir endlich eine Gelegenheit günstig erschien aufzubrechen. Aus der gegenüberliegenden Küche eilte Sophie herbei, um mir die inzwischen verschlossene Haustür zu öffnen. Ich erschrak, als ich die Tränen in ihren Augen sah. Doch bevor ich nach dem Grund fragen konnte, küsste sie mich auf den Mund und sagte: »Du bist noch so jung und hast meinem Vater seit langem die größte Freude bereitet.« Dann schob sie mich mit sanfter Gewalt auf die nächtliche Straße.

So wie die beiden unverheirateten Söhne waren bald darauf auch Sophie und ihre alten Eltern aus der Straße verschwunden.

Die Zeit erlaubte es ihnen nicht, sich auch nur von einem der Menschen aus dem Rheinviertel zu verabschieden.

Hier muss ich noch meine letzte Begegnung mit dem alten Badland einflechten. Ich weiß nicht, waren Wochen oder Monate vergangen, seit die jüdische Familie unsere Stadt verlassen hatte, da fuhr ich auf meinem Rad über den Rheindamm, der unser Viertel vor dem Hochwasser schützen sollte. Mir entgegen kam ein Mann in einem dunklen Mantel mit Pelzkragen und einer Melone auf dem Kopf.

Erst als ich an der Gestalt vorübergeradelt war, kam mir zum Bewusstsein, das muss der alte Badland gewesen sein. Wer sonst hatte in unserer Gegend einen Mantel mit Pelzkragen und wer trug an einem Wochentag eine Melone? Auch die zögernde Bewegung der Hand, die zum Hut greifen wollte, fiel mir ein.

Mein Gott, er hat dich erkannt und du bist einfach vorbeigefahren, durchzuckte es mich. Augenblicklich drehte ich um und fuhr zurück. Er war es wirklich.

»Ich musste noch einmal zurückkommen. Durch unsere Straße mag ich nicht mehr gehen; aber einen letzten Blick habe ich hineingeworfen. Dass Sie mich noch gegrüßt haben«, sagte er und ich sah die Freude in seinen Augen aufleuchten.

Neben ihm gehend, fragte ich nach seiner Frau, Sophie und den Söhnen. In Holland hatten einstweilen alle Asyl gefunden. Wie es weitergehen sollte, wusste er mir nicht zu sagen. Kein Wort des Hasses oder der Klage kam über seine Lippen.

»Fahren Sie weiter, Manfred, dort kommen Leute, vielleicht kennt man Sie und mich«, riet er mir.

Ich hätte nicht Manfred Peters heißen dürfen, um diesen Rat zu befolgen.

»Es haben mich schon mehrere begrüßt«, sagte er glücklich und dann: »Aber viele haben auch an mir vorbeigesehen. Was soll man machen, kann man ihnen böse sein?«, zuckte er die Schultern.

*

23)

Dem alten Badland und seiner dahinsiechenden Frau rollten die Tränen, als Erich sich bei ihnen wegen seines Verhaltens entschuldigte.

»Kommen Sie nicht mehr in unser Haus!«, beschwor der alte Jude meinen Bruder. »Es bringt Ihnen nur große Unannehmlichkeiten.« Dabei schielte er auf Erichs SA-Abzeichen auf dem Revers seines Zivilrockes.

Mein Bruder bemerkte den Blick und lächelte.

»Das werden sie mir bald abnehmen. Aber noch hat mein Sturmführer keinen Mut meinen Rausschmiss und die Gründe hierfür nach oben zu melden.«

Mein armer Bruder. Er wusste nicht, wer und was auf der Straße auf ihn wartete. Franz, der Seemann, offiziell immer noch Erichs Truppführer, stand breitbeinig wippend im offenen Hoftor. Seit Wochen ignorierte ihn Erich außerdienstlich vollkommen.

»Was hat ein Angehöriger meines SA-Trupps im Hause eines Juden verloren?«, empfing er meinen Bruder.

»Kümmere dich um deine Heringe!«, riet ihm Erich mit entsprechender Miene.

»Du bist unwürdig das Abzeichen der SA zu tragen!«, erklärte der Heringshändler und riss mit schnellem Griff die vernickelten Buchstaben vom Rockaufschlag meines Bruders.

Erich hob die Fäuste. Aus einem Fenster im ersten Stock des roten und unverputzten Hinterhauses rief es laut:

»Wer Schmutz anfasst, besudelt sich, Erich!«

Es war der ehemalige Kommunist Sartorius. Er sah erschreckend schlecht aus, aber seine Stimme war fest. Mein Bruder ließ die Fäuste fallen; auch der Seemann erschrak beim Klang dieser Stimme.

Hinter dem Haus kam die Gestalt meines Vaters hervor.

»Komm, Erich, Sartorius hat Recht!«, sagte er nur.

Wortlos drückte sich der SA-Truppführer Franz Steinmann an den beiden Peters vorbei ins Haus.

»Hast du schon mit Sartorius gesprochen?«, fragte Erich seinen Vater.

»Ja. Vergangene Nacht ist er zurückgekommen. Viel hat er nicht erzählt. Seine Festnahme sei als Schutzhaft ausgelegt worden;

da man hätte befürchten müssen, die aufrechten Volksgenossen würden nun ihren verständlichen und seit Jahren unterdrückten Zorn an unseren kommunistisch oder sonstwie verirrten deutschen Brüdern auslassen.«

Dann lachte der alte Peters boshaft und fuhr fort: »Nicht einmal unrecht haben sie mit dieser Auslegung. Du hast ja erlebt, was den harmlosen Skatspielern passiert ist. Und dir, Erich, gebe ich den guten Rat, sei vorsichtig! Wir gehen keinen guten Zeiten entgegen.«

»Ausgerechnet du gibst mir diesen Rat, Vater?«

»Ja, ich! Vor dir liegt noch ein ganzes Leben. Ich fürchte, Deutschland wird diesen Hitler erst los, wenn er uns alle ins Unglück gestürzt hat! Der Kreis, der um diese Gefahr weiß, ist zu schwach die braune Flut einzudämmen oder gar abzuwenden.«

»Glaubst du denn, ich wünschte das, Vater? Ich stehe nach wie vor hinter unserem Führer! Kann er dafür verantwortlich gemacht werden, dass es in der großen Bewegung Menschen gibt wie meinen Sturmführer oder Kerle wie Robens und Steinmann?«

Mein Vater gab darauf keine Antwort. Zu diesem Zeitpunkt war ihm sein Sohn Erich kein Rätsel mehr wie so oft vorher. Was unser Familienoberhaupt mehr belastete, war das Verhalten seines Ältesten und dessen rothaariger Frau Elli, geborene Biermann. Gustav trug stolz die Uniform eines politischen Leiters der Partei. Im Rheinviertel flüsterte man bereits, vor ihm und seinem fanatischen Weib müsse man auf der Hut sein. Gustav kam nur noch dann in unsere Wohnung, wenn er ganz sicher war Vater und Erich nicht anzutreffen. Seinen Scheitel hatte er von der linken auf die rechte Kopfseite verlegt und unter seiner Nase wuchs eine Hitlerbürste.

»Seine Dummheit ist nicht mehr zu überbieten«, schüttelte unser Vater seinen Kopf.

»Ich finde, Gustav sieht nun erst wie ein richtiger Mann aus. Wenn man ihn aufmerksam betrachtet, hat er wirklich eine Ähnlichkeit mit dem Führer. In seinen Augen brennt das gleiche Feuer!«

Edeltraud sagte das. Aber in diesem Fall hatte es sich unser Vater

längst abgewöhnt hinzuhören; geschweige zu antworten. Bruder Karl, der mit Riesenschritten auf sein Abitur zuging, tippte wortlos an seine Stirn. Er hatte immer noch das gleiche Ziel, nämlich Arzt zu werden. Mit seinem Vater hatte er keinen rechten Kontakt; seine Mutter vergötterte er. In seiner Gegenwart durfte sie nicht einmal einen Stuhl anheben.
»Unser Vater gehört zu den Menschen, die sich weder in einer Ehe noch sonstwie binden sollten; du und zum Teil auch Erich ebenso«, sagte er einmal zu mir.
»Wieso?«, fragte ich meinen klugen Bruder.
»Ihr seid zu stark, zu dynamisch. Das ist keine Feststellung, die ihr begrüßen sollt, sondern bedeutet das Gegenteil, wenn man unsere bestehende Gesellschaftsordnung zu Grunde legt. Unser Jahrhundert gehört dem unkomplizierten Massenmenschen. Nur er hat Aussicht Ziele zu erreichen, die Menschen wie Vater, Erich und du erstreben.«
Ich musste lachen, obwohl ich schon oft genug erfahren hatte, wie richtig dieser unser Bruder Dinge erkannte und auslegte, bevor sich einer von uns Gedanken darüber gemacht hatte.
»Es tut mir Leid, ich weiß nicht, wie ich dich verstehen soll!«
»Unser Gustav zum Beispiel hat etwas erreicht, was sein Leben ausfüllt.« So begann Bruder Karl mich über meine Umgebung aufzuklären. »Er darf eine Uniform tragen und in seinem Arbeitsbereich fragt man ihn um seine Stellungnahme. Seine Kollegen tragen ihm ihre Sorgen vor, er kann Versprechungen machen oder ablehnen. Gustav wird außerdem langsam aber sicher in der örtlichen Parteiführung aufsteigen, was auch für jeden Außenstehenden durch Abzeichen und Sterne an seiner Uniform erkenntlich ist. Das alles führt ihn dazu, sich für eine Persönlichkeit zu halten. Etwas, wovon er früher nicht zu träumen wagte.
Gustavs Frau, die in der Familie vom ersten Tag an das Regiment führte, wird dieses Regiment nach und nach auf alle Frauen im Rheinviertel ausdehnen, vielleicht in unserer ganzen Stadt.
Unsere Elfriede wird Lebenserfüllung finden, wenn sie sich vor einem Publikum auf den Zehenspitzen bewegen kann und andere lehren darf, wie man diese Kunst ausübt. Ob sie das

BDM-Mädchen beibringt oder den Insassinnen einer Strafanstalt ist ihr gleich.
Unsere Mutter ist glücklich, wenn sie uns alle satt machen kann und ihre Kinder später einen guten Mann oder eine tüchtige Frau bekommen.«
»Aha!«, sagte ich. »Nun weiß ich Bescheid.« Ich tat diesen Ausspruch in der Hoffnung, mein kluger Bruder würde nun den Mund halten. Ich irrte.
»Unser Vater dagegen«, fuhr er fort, »hat in seinem Leben immer den Weg gewechselt, ohne die Enge, die sein Unglück war, zu durchbrechen. Erichs Ziele stecken, was er auch anfasst, in den Wolken. Er glaubt, jeder Mensch müsse seine Qualitäten besitzen. Seine erste große Enttäuschung war sein SA-Abenteuer. Das Boxen hat unser Bruder mit dem Ziel begonnen wenigstens deutscher Meister zu werden.«
»Aber deshalb kann er doch heiraten!«
»Sobald er feststellt, dass sich auch in der Ehe nicht die ideale Vollkommenheit erreichen lässt, ist das Unglück da!«
»Aber ich will weder SA-Führer noch Bürgermeister und erst recht nicht deutscher Meister im Mittelgewicht werden!«
»Du«, sagte mein Bruder Karl, der das geistige Ass unserer Familie war, »du willst im Grunde genommen mehr als alle anderen Peters!«
»Da bin ich aber sehr neugierig!«
»Du willst ein freies Leben, ein Leben ohne Zwang und Bindung!«
»Verdammt!«, entfuhr es mir nach kurzem Nachdenken. »Da hast du tatsächlich Recht!«
Die Familie Peters wurde rapid kleiner.
Unser Sorgenkind, das in dieser Zeit Erich hieß, bekam an einem Tag zwei Briefe. Den ersten steckte er ohne jeden Kommentar in seine Tasche. Nach der Lektüre des zweiten lachte er laut.
»Da steht es! Schwarz auf weiß: Wegen politischer Unzuverlässigkeit bin ich aus der SA ausgestoßen worden! Der nach Heringen stinkende Steinmann hat mit seiner Meldung über meinen Besuch bei Badlands den Ausschlag gegeben. Da kann ich meine Uniform getrost verkaufen.«
Wortlos reichte er mir das andere Schreiben.

»Hast du noch nicht die Nase voll von Uniformen?«, entfuhr es mir, nachdem ich die wenigen Zeilen überflogen hatte.

»Wieso? Was hat die Landespolizei mit Politik zu tun? Arbeit bekomme ich vorläufig in dieser Stadt doch keine. Warum soll es mir im Polizeidienst nicht gefallen? Meinen Traum von der Marine habe ich längst begraben.«

»Dann viel Vergnügen!«, blieb mir nur noch zu wünschen übrig und die Frage »Weiß Vater davon?«.

»Noch nicht, aber was soll er dagegen haben? Außerdem bin ich großjährig. In unserer Stadt mag ich nicht mehr leben. Immer und überall wird man mir hier die SA-Geschichte ankreiden.«

Am nächsten Monatsersten verschwand unser aufrechter Bruder Erich in einer Kaserne der neu geschaffenen Landespolizei, von der man behauptet, sie sei nichts als verkapptes Militär.

»Drill gibt es mehr als genug; aber mir macht er nichts aus. Es gefällt mir ganz gut.« So ähnlich schrieb er nach wenigen Tagen – und änderte diese Ansicht auch später nicht. Bei Erichs erstem Urlaub war Mutter sehr stolz auf diesen Sohn, der in der grünlichen Uniform großartig aussah.

*

24)

Das Rheinviertel, ehemals als kommunistisch-marxistischer Teil der Industriestadt am Rhein bekannt, war im Laufe der Jahre brauner und brauner geworden. Selbst von den wenigen standhaften Katholiken in dieser Gegend waren die meisten in das braune Lager abgewandert.

Die Rechnungsabteilung des Werkes, in der ich meine Brötchen verdiente, war zu einer nationalsozialistischen Hochburg innerhalb des großen Chemiewerkes geworden. Einige der Buchhalter entpuppten sich am 30. Januar 1933 als uralte Kämpfer.

Noch ein alter Kämpfer fand in diesem Kreis Unterschlupf. Es war der Ortsgruppenleiter der Partei in unserer Stadt. Vorher war er als mies bezahlter Angestellter in einer kleinen Quetsche tätig gewesen. Dieser Mann wurde uns gleich als der Stellvertreter unseres weißhaarigen Chefs vorgestellt, noch bevor man

seine beruflichen Qualitäten ausreichend prüfen konnte. Neider behaupteten, das Großwerk habe damit diesen plötzlich so einflussreichen Mann gekauft.
Aus einem mir unerfindlichen Grund mochte mich der Ortsgruppenleiter nicht leiden.
»Ein so junger und starker Mensch, wie Sie es sind, gehört in die SA oder SS!«, sagte er mehr als zweimal zu mir und meinte weiter: »Sie sollten sich schämen! Ihr Bruder Gustav ist in der Partei einer unserer verlässlichsten und aktivsten Parteigenossen.«
»Jawohl«, bestätigte ich, »aber Sie haben meinen Bruder Erich vergessen, alter Kämpfer und schneidigster Fahnenträger, den es jemals in unserem Stadtgebiet gegeben hat und geben wird. Meine Schwägerin Elli, zopfgekrönte Frauenschaftsführerin, haben Sie ebenfalls nicht erwähnt. Auch nicht meine Schwester Elfriede, die den deutschen Mädchen unserer Stadt ehrenamtlich Gymnastik- und Tanzunterricht vermittelt.«
So sprach ich mit ihm. Nicht deshalb, weil ich ein Antifaschist gewesen wäre, nein, denn das war ich nicht, wie es mit nur ganz wenigen Ausnahmen alle jungen Menschen jener Tage nicht waren. Ich sagte es nur, weil ich sonntagvormittags nicht dabei sein wollte, wenn die SA marschierte, und weil auch ich den Ortsgruppenleiter nicht mochte.
An dem Tag, an dem Herr Sartorius vom ersten Stock als Anwärter in die SA aufgenommen wurde, erhielt ich meine Einberufung zum Reichsarbeitsdienst, kurz RAD. Franz Steinmann hatte zwar geschworen, dass er, falls die Bemühungen des ehemaligen Kommunisten erfolgreich verlaufen sollte, sich eigenhändig seine Truppführersterne herunterreißen werde. Er tat es dann deshalb nicht, weil er große Aussichten hatte die Führung des SA-Altstadtsturmes zu übernehmen.
Und wirklich – Franz Steinmann, ehemals Seemann, Brieftaubenliebhaber und immer noch Heringshändler, wurde stolzer Führer des SA-Altstadtsturmes. Für seinen Handel hatte er sich ein Fuhrwerk zugelegt, in dessen Geschirr ein flotter Fuchs von Straßenecke zu Straßenecke trabte. Allerdings ließ er durchblicken, die Tätigkeit eines Straßenhändlers sei mit seiner neuen

Führerrolle nicht mehr recht vereinbar, weshalb er sich nach einem geeigneten Geschäftslokal umsehen müsse.

In Steinmanns Wohnung ging es nun immer recht lustig zu. Fast täglich erhielt man dort Besuch von jungen SA-Männern. Auch dann, wenn der Hausherr mit seinem Fuchs und den Heringen unterwegs war. Seine schwarze Frau, von der man immer mehr die Behauptung aufstellte, an ihr gingen die Jahre spurlos vorüber, freute sich sehr über diese Besuche. Ihr Lachen und Quietschen scholl oft genug durch unser akustisch großartiges Hinterhaus, an dem mein ganzes Herz hing.

Diese letzte Behauptung wäre mir nie eingefallen. Viel eher wäre ich vom Gegenteil überzeugt gewesen – aber nur bis zum Tag meiner Abreise. Da stand ich nun, mit einem Pappkarton und einer alten Aktentasche bewaffnet, in der Haustür des roten und unverputzten Hinterhauses in der Straße am Rhein. Ich hatte das Gefühl Abschied für immer zu nehmen. Beinahe wären mir die Tränen gekullert. Meinen jüngeren Geschwistern hatte ich schon am Morgen Auf Wiedersehen gesagt; besonders von meinem Bruder Karl war mir der Abschied schwer gefallen.

»Lebe wohl!«, sagte unser Abiturient zu mir. »Ich bin überzeugt, du wirst es gut machen.«

Die meisten Menschen neigen dazu, alles so gut zu machen, wie es in ihren Kräften steht. Aber kennt man seine eigenen Kräfte? Besonders dann, wenn man so jung ist, wie ich es bei diesem Abschied war? Und vor allem – konnte ich diese Kräfte einsetzen für das, was auf mich wartete, um es so gut zu machen, wie es meinen Wünschen entsprach?

Nun, vorerst musste ich Buschwerk roden, lächerlich winzige Bachläufe regulieren und sinnlose Spatengriffe üben. Pro Tag hatte ich die Aufgabe mit fünfundzwanzig Pfennigen auszukommen, was nicht ganz einfach war.

Sechs Monate gehen schnell vorüber. Aber meine wiedergewonnene Freiheit war nicht von langer Dauer. An einem widerlich nass-kalten Oktobertag des gleichen Jahres stand ich früh um sechs auf einem trostlosen Schulhof. Auch diesmal beschwerte mich ein Pappkarton mit meinen wenigen Habseligkeiten und die alte, abgewetzte Tasche aus billigstem Rindleder. Diesmal sollte es keine sechs Monate dauern, sondern ganze vierundzwanzig. So lautete der Vertrag, der mich zum aktiven Wehrdienst verpflichtete.

Die Anzahl der auf dem Schulhof versammelten Leidensgenossen reichte aus, um einen riesigen Sonderzug zu füllen, der uns bis in die Nähe von Königsberg verfrachtete.

Zu unsrem Empfang auf ostpreußischem Boden spielte eine Militärkapelle schmissige Weisen. Zu Beginn »Alle Vöglein sind schon da«. Seit dieser Stunde mag ich das hoffnungsfrohe Volkslied nicht mehr hören.

Selbst dann, wenn sich die Wochen und Monate dahinschleppen, vergeht die Zeit, wird es Sommer und Winter. Nur noch ein einziger Monat – dann lag mein ungewolltes, zweijähriges Gastspiel bei Preußens hinter mir. So glaubte ich damals, in den letzten Augusttagen des Jahres 1939.

Meine Absicht war es, dann die unterbrochene Karriere innerhalb des chemischen Großwerkes in der Stadt am Rhein wieder aufzunehmen. Was sollte ich sonst tun? Die Dummheit meines Vaters und seiner drei Brüder würde ich gewiss nicht wiederholen.

Die Dummheit dieser vier Menschen lag lange zurück. Sie war mir von einer geschwätzigen Tante übermittelt worden; einer Schwester meines Vaters. Bitter hatte sich diese bei mir darüber beklagt, dass ihre vier Brüder – mein Vater gehörte dazu – in jungen Jahren das von ihren Eltern hinterlassene Riesenvermögen verjubelt hätten. Mein Vater hat zeit seines Lebens kein Wort darüber verloren.

Eigentlich müssten ich und alle Peters unserem Vater deshalb grollen. Wenigstens seinen Vermögensanteil hätte er retten sollen. Wir wären dann von den ewigen sauren Gurken und den Salzkartoffeln verschont geblieben; auch von dem roten Hinterhaus in der Straße am Rhein, in der nur arme Leute wohnten.

Nein, meinem Vater böse sein? Das konnte ich nie und nimmer. Hinzu kam, dass Johannes Peters, unser großer und starker Vater, diese Welt verlassen hatte. In den ersten Wochen meiner Militärzeit war er gestorben. Eines Morgens wachte er nicht mehr auf. Toten zürnt man nicht. Und wo hätten meine Geschwister und ich denn aufwachsen sollen? In einer Villa etwa? Da musste ich lachen. Trotz der verständlichen Freude, bald wieder meine Tage in eigenen Kleidern, ohne Halsbinde und Knobelbecher und ohne den mir so verhassten Gleichschritt verbringen zu dürfen, bedrückte mich in dieser Zeit etwas. Ich erkannte, dass es nichts anderes war als Heimweh. Heimweh nach dem Strom, der Stadt mit ihren rauchenden Schloten, den Menschen im Rheinviertel und dem roten und unverputzten Hinterhaus.

Es mag sein, dass dieses plötzliche Heimweh seine verständliche Ursache in den beunruhigenden Meldungen hatte, die unsere Zeitungen verbreiteten. Deutschlands Nachbar Polen erregte in immer stärkerem Maße das Missfallen unseres Obersten Befehlshabers, der Adolf Hitler hieß und dem wir junge Soldaten den Treueid geschworen hatten. Es raunte und munkelte um uns herum, sogar das Wort Krieg wurde ausgesprochen.

»Krieg? Dass ich nicht lache!«, sagte Alfred, mein Freund und Stubenkamerad während zweier anstrengender Jahre.

»Vom Krieg haben sie schon gesprochen, als unsere Truppen am 7. März 1936 die Remilitarisierung des Rheinlandes besiegelten. Und wie war es mit dem Anschluss Österreichs; wie mit dem des Sudetenlandes? Und im März dieses Jahres beim Einmarsch unserer Truppen in Böhmen und Mähren und ins Memelgebiet? Hat es Krieg gegeben? Alles nur Angstparolen!

Noch ein einziger Monat, Manfred, dann ist es geschafft! Mein alter Herr eröffnet am 1. Oktober 1939 eine Filiale in Gelsenkirchen. Möbelhaus Alfred Warnecke – Stammhaus Essen! Und wer leitet den Filialbetrieb? Alfred Warnecke junior, zur Zeit Gefreiter bei Preußens! Dreißig Prozent Rabatt, Manfred, wenn du einen eigenen Hausstand gründest. Hier, Handschlag!«

Zu diesem Handschlag zwischen meinem Freund und Stubenkameraden Alfred Warnecke und mir kam es nicht mehr in diesen schicksalsschweren Augusttagen des Jahres 1939.

»Gefreiter Peters, sofort zum Spieß!«, brüllte jemand im gleichen Augenblick in unserer Bude.

Ein Telegramm rief mich zu unserer todkranken Mutter. Sie trennte sich schwer von dieser Welt, dieses zarte, zerbrechliche

Menschenkind, das sein Glück im Opfer gefunden hatte, ein ganzes Leben lang. Keines ihrer Kinder fehlte, als Mutter Peters die Augen schloss und Friede ihr gutes Gesicht erfüllte.
In unser Schweigen drang ein hartes Klopfen. Meine Schwester Elfriede, die auf dem Weg war der Tanzstar im Ensemble der benachbarten Großstadt zu werden, reichte mir ein Telegramm.
»Ich muss unverzüglich zur Truppe zurück!«, gab ich kund.
»Nicht bevor wir Mutter begraben haben«, erklärte Gustav, »ich werde das erledigen!«
Unser Ältester war ein großer Mann in der Partei und erster Betriebsratsvorsitzender in dem weltweiten Unternehmen geworden. Eigentlich hätte er in diesen Vormittagsstunden die plötzlich angesetzte Rede seines Führers an das deutsche Volk hören müssen, aber das hatte seine rothaarige Frau Elli übernommen, die plötzlich mit blitzenden Augen inmitten der Trauergemeinde stand.
»Unser Führer hat den Polen auf ihre Überfälle und ihren Größenwahn gebührend geantwortet! – Ab fünf Uhr fünfundzwanzig wird zurückgeschossen! Unserem Führer Adolf Hitler Sieg – Heil!«
»Oh Gott, dieses Weib!«, stöhnte mein Bruder Erich und vergrub sein Gesicht in beide Hände.
Ich ging zum Fenster. Es war dasselbe, an dem ich als Junge fast zwei Jahre allmorgendlich meinem Hund Roland gepfiffen hatte, dessen Tod ein nutzloses Opfer gewesen war.

*

Erich war vom Polizeidienst zum Heer übergetreten und bekleidete den Dienstgrad eines Feldwebels. Außerdem war er Heeresboxmeister im Mittelgewicht.
»Man hat mich zur Teilnahme an einem Offizierslehrgang vorgeschlagen; was meinst du?«, fragte er mich.
»Und sie wollten nicht einmal einen einfachen Matrosen aus dir werden lassen«, war meine Antwort.
»Ja«, bestätigte er, »wie Recht doch unser Vater hatte.«

»Wer wohnt denn jetzt im Haus der Badlands?«, wollte ich wissen.

»Franz Steinmann. Er soll samt Lagerräumen siebentausend Mark dafür bezahlt haben. Sein Fischgeschäft geht großartig. Er hat die Geschäftsräume des Juden Stern dafür gemietet.«

Meine karg bemessene Urlaubsverlängerung erlaubte es nicht einmal, bis zum Ende des Totenmahles zu bleiben. Schwager Bernd, der Mann unserer ältesten Schwester Annemarie, wollte mich in seinem Auto zur Bahn fahren.

»Danke, ich bin ja fast ohne Gepäck«, lehnte ich ab.

»Wenn nur der Krieg schnell zu Ende ist«, sagte Bernd, »meine Generalvertretung läuft in den letzten Monaten großartig. Ich muss mich mit Gustav gut halten, damit ich jetzt nicht einberufen werde. Wenn ich Pech habe, muss ich mein Auto an die Wehrmacht abgeben, gemustert ist es schon.«

Ich warf noch einen Blick auf das rote und unverputzte Hinterhaus, setzte meine Mütze auf, rückte das Koppel zurecht und trat aus dem Hof auf die Straße.

Dort, wo die Straße am Rhein in die Hauptstraße unserer Stadt mündete, begegnete mir der ehemalige Kommunist Sartorius in der Uniform eines SA-Mannes.

»Heil Hitler, Manfred!«, rief er mir entgegen. »Jetzt werden wir es der Welt zeigen!«

»Ja, das werden wir!«, antwortete ich und fuhr automatisch mit der Rechten zum Mützenrand.